アジ研選書52

21世紀の
フィリピン経済・政治・産業
――最後の龍になれるか?――

柏原 千英 編

アジア経済研究所
IDE-JETRO

まえがき

　編者が観察してきた2000年代までのマニラは,「変化がみえにくい首都」だった。調査のため訪れるたびに物理的な変化を目にするようになったのは, 2010年頃からである。幹線道路沿いにショッピング・モールが次々と建設され, 周辺にはオフィス・ビルやコンドミニアムが林立する。長距離を含む公共バスは輸入中古車を改造したものからエアコン付きの新車に, 自家用車はバンや四輪駆動車からセダン型, 小型車が多数派となった。ノートパソコンとスマートフォンを当たり前にセットでもつ, 社会人や学生も急速に増えた。このような光景は好況を示す近年の経済指標を裏づけるものでもあり, 開発が進まず「アジアの病人」と呼ばれた1980～1990年代とは隔世の感がある。

　他方で, 渋滞を避けて幹線道路を外れれば, 再開発や整備されずに20年変わらない古い街路があり, ナニーや親が子供を出迎えに集まる校門の隣にある雑貨店や食堂で, 就学齢の子供が手伝いをしていたり, それぞれの錆だらけの自転車の横で, 配達の仕事か移動客を待つ中年男性の集団を目にする。物質的な豊かさや生活の向上をもたらす機会の偏在がいかに根強く, 縮小することが困難な課題であるかを実感させられる。

　そこで,「21世紀に入ってからのフィリピン」を改めて整理・分析するために企画したのが, 研究所で2年間（2016/2017年度）実施した「フィリピン経済・産業の再生と課題」研究会であり, 本書はその成果である。

　研究会では, マリア・レイナルース・カルロス（Maria Reinaruth D. Carlos）龍谷大学国際学部教授, マリア・マカベンタ・イケダ（Maria Makabenta Ikeda）京都産業大学経済学部准教授, パラガス・ランビーノ（John XXV Paragas Lambino）京都橘大学現代ビジネス学部准教授の3氏を講師として招聘した。政府機関が公表する統計からは読み取ることが難しい海外就労者／帰国者の実態や, フィリピンを含む国際労働移動に関する研究動向, 国内の経済・政治・行政と社会開発について貴重な知見を広く伺い,

議論する機会をもてたことに謝意を表したい。

　また，1980年代からジャーナリストとして国内外の報道機関に寄稿しながらマニラ市立大学（University of the City of Manila）でも教鞭をとられるマニュエル・モガト（Manuel C. Mogato）氏には，2017年7月に実施した政策研究大学院大学との共催セミナーにおいて，ラナオ・デル・スル州マラウィ市（ムスリム・ミンダナオ自治地域）におけるイスラム武装勢力の動向と紛争の背景について講演していただいた。フィリピンを取り巻く国際関係や社会問題に関する取材・執筆経験も豊富な同氏との議論により，演題のみならず，開発の進んでいない地方部の産業や生活の実態について理解を深めることができた。

　現地調査では，時間を割いてインタビューに応じて下さった日本・フィリピンの関連省庁や業界団体，大学や研究所および企業・報道関係の方々には，データや報告書，現地ならではの詳細な情報や見解を提供していただいた。このような機会は，ともすれば自らの「専門」分野に限定されがちな調査・分析の対象を，別の視点から理解したり，関心自体を広げてくれる貴重なものでもある。紙幅の都合で個々のお名前は挙げられないが，研究活動への変わらないご協力に深く感謝申し上げる。

　社会政策や海外を含む人的移動など，機会を改めてとりあげるべきイシューを残してはいるが，本書がフィリピンという国をより深く知る，あるいは自ら調査・研究を行うきっかけや一助となれば幸いである。

2019年1月

編者

目　次

まえがき

総　論　フィリピン，「最後の龍」の夢と野望
　　　　　　　　　　　　　　　　　　　　　　　　柏原　千英　 1
　1．はじめに　1
　2．初の長期開発ビジョン（AmBisyon Natin 2040）とドゥ
　　　テルテ政権の「重点社会・経済政策10項目」（10ポイン
　　　ト・アジェンダ）　2
　3．本書の構成と各章の概要　5
　　　3-1　本書の構成　5
　　　3-2　各章の概要　7
　4．本書のまとめと2040年への展望　14
　　　4-1　本書のまとめ　14
　　　4-2　2000年以降の「開発計画」と「包摂的成長」——2040年
　　　　　　に向けて——　16
　5．おわりに　17

第1部　マクロ経済と政治

第1章　経済概観　　　　　　　　　　　　　　　鈴木　有理佳　21
　1．はじめに　21
　2．マクロ経済　22
　3．地域間格差　24
　4．貧困と所得格差　26
　5．労働市場　29
　6．産業構造　32
　7．おわりに　36

第2章　21世紀フィリピン政治経済の変化と継続
　　　　　——連合政治に基づく一考察——　高木　佑輔　41

1. はじめに　41
2. 民主化とピープルパワー連合　44
3. 内政と外交上の主要政策における変化と継続　48
　3-1 主要政策——財政再建と社会政策の拡充——　48
　3-2 外交の展開と主要政策　53
4. 連合政治の展開　57
5. ドゥテルテ政権における政策の継続と変化　60
6. おわりに——今後の展望——　64

第2部　国内消費（経済）を支える産業

第3章　食料品産業　　　　　　　　　鈴木　有理佳　73
1. はじめに　73
2. 食料品需要　75
3. 食料品産業の位置づけ　77
4. 業種別動向　81
5. 労働生産性　84
6. 企業動向　86
7. おわりに　89

第4章　卸売・小売業と運輸・倉庫業　　鈴木　有理佳　95
1. はじめに　95
2. 卸売・小売業　96
　2-1 概況　96
　2-2 労働生産性　101
　2-3 企業動向　103
3. 運輸・倉庫業　106
　3-1 概況　106
　3-2 労働生産性　109
　3-3 企業動向　110
4. おわりに　112

第3部　経済の「血液」と新たな成長産業

第5章　金融（銀行）業　　　　　　　　　　　　　柏原　千英　119
　1．はじめに　119
　2．2000年以降の銀行部門　120
　　2-1　金融深化——2000年以降の停滞と発展——　120
　　2-2　銀行部門プレーヤーの構造と特徴　123
　　2-3　産業別の融資残高にみる傾向と企業への影響　126
　3．BSPによる施策——自由化，経営基盤の強化，金融包摂プログラム——　133
　　3-1　施策にみる方向性　133
　　3-2　今後の展望　137
　4．おわりに　139

第6章　ビジネス・プロセス・アウトソーシング産業　　　　　　　　　　　　　柏原　千英　143
　1．はじめに　143
　2．フィリピンにおけるIT-BPO産業と行動計画（ロードマップ）　144
　　2-1　統計からみる成長　145
　　2-2　産業行動計画（ロードマップ）の概要と見通し　150
　3．国際的にみるフィリピンIT-BPO産業の位置づけと課題　152
　　3-1　国内集積地の位置づけと評価　153
　　3-2　成長維持への課題——外部からの指摘——　155
　4．人材確保と育成，インフラの現状　160
　　4-1　人材育成と教育制度　160
　　4-2　インフラ　163
　5．おわりに　165

資料紹介と解説　フィリピンに関する統計資料・レポート類について　　　柏原　千英　171
　1．はじめに——「たかが統計，されど統計」のわけ——　171

2．おもな統計シリーズ，データや資料——どこで，どのように探すか—— 172
　　2-1 マクロ経済・全般的な指標／データ 172
　　2-2 産業別データ 173
3．企業情報・データについて 178
　　3-1 定期刊行物（企業ランキング／年鑑） 179
　　3-2 フィリピン証券取引委員会　企業財務情報サイト
　　　　（SEC i-View） 180
4．オープン・データ・ポータル——フィリピン政府版—— 182
　　4-1 なぜ開設されたのか 183
　　4-2 内容とデータのカバレッジ 183
　　4-3 現時点での利便性 184

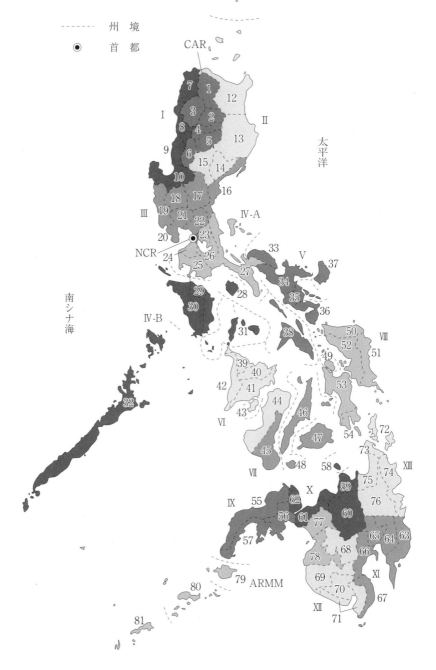

ルソン地域

NCR－首都圏
CAR－コルディリェラ地方
　1　アパヤオ
　2　カリンガ
　3　アブラ
　4　マウンテン・プロビンス
　5　イフガオ
　6　ベンゲット

Ⅰ－イロコス地方
　7　イロコス・ノルテ
　8　イロコス・スル
　9　ラ・ウニオン
　10　パンガシナン

Ⅱ－カガヤン・バレー地方
　11　バタネス
　12　カガヤン
　13　イサベラ
　14　キリノ
　15　ヌエバ・ビスカヤ

Ⅲ－中部ルソン地方
　16　アウロラ
　17　ヌエバエシハ
　18　タルラク
　19　サンバレス
　20　バタアン
　21　パンパンガ
　22　ブラカン

Ⅳ－A－カラバルソン地方
　23　リサール
　24　カビテ
　25　バタンガス
　26　ラグナ
　27　ケソン

Ⅳ－B－ミマロパ地方
　28　マリンドゥケ
　29　オリエンタル・ミンドロ
　30　オクシデンタル・ミンドロ
　31　ロンブロン
　32　パラワン

Ⅴ－ビコール地方
　33　カマリネス・ノルテ
　34　カマリネス・スル
　35　アルバイ
　36　ソルソゴン
　37　カタンドゥアネス
　38　マスバテ

ビサヤ地域

Ⅵ－西部ビサヤ地方
　39　アクラン
　40　カピス
　41　イロイロ
　42　アンティケ
　43　ギマラス
　44　ネグロス・オクシデンタル

Ⅶ－中部ビサヤ地方
　45　ネグロス・オリエンタル
　46　セブ
　47　ボホール
　48　シキホール

Ⅷ－東部ビサヤ地方
　49　ビリラン
　50　北サマール
　51　東サマール
　52　西サマール
　53　レイテ
　54　南レイテ

ミンダナオ地域

Ⅸ－サンボアンガ半島
　55　サンボアンガ・デル・ノルテ
　56　サンボアンガ・デル・スル
　57　サンボアンガ・シブガイ

Ⅹ－北部ミンダナオ地方
　58　カミギン
　59　ミサミス・オリエンタル
　60　ブキドノン
　61　ラナオ・デル・ノルテ
　62　ミサミス・オクシデンタル

ⅩⅠ－ダバオ地方
　63　ダバオ・オリエンタル
　64　コンポステラ・バレー
　65　ダバオ・デル・ノルテ
　66　ダバオ・デル・スル
　67　ダバオ・オクシデンタル

ⅩⅡ－ソクサージェン地方
　68　北コタバト
　69　スルタン・クダラット
　70　南コタバト
　71　サランガニ

ⅩⅢ－カラガ地方
　72　ディナガット・アイランズ
　73　スリガオ・デル・ノルテ
　74　スリガオ・デル・スル
　75　アグサン・デル・ノルテ
　76　アグサン・デル・スル

ARMM－ムスリム・ミンダナオ自治地域
　77　ラナオ・デル・スル
　78　マギンダナオ
　79　バシラン
　80　スルー
　81　タウイタウイ

＊地域（Area）
　地方（Region）：1首都圏，1自治地域を含む。
＊＊2018年12月31日現在。

（出所）　アジア動向年報事務局作成。

本書における人名の表記は，各章の初出のみフルネームとする。
　ただし，アキノ氏については，本文中はコラソン・アキノ元大統領は全編をとおしてフルネームとし，ベニグノ・アキノ元上院議員は各章の初出はフルネームに元上院議員，それ以外はアキノ元上院議員とし，ベニグノ・アキノ前大統領は各章の初出はフルネーム，それ以外はアキノとのみ表記，図表ではコラソン・アキノ元大統領をC・アキノ，ベニグノ・アキノ前大統領をB・アキノとした。

総 論
フィリピン,「最後の龍」の夢と野望

柏原　千英

1．はじめに

　本書は，以下の2点を目的としている。第1に，前ベニグノ・アキノ政権（2010～2016年）や現ロドリゴ・ドゥテルテ政権下（2016～2022年）「包摂的な成長」の実現と「高位中所得国入り」をめざしているフィリピンについて，21世紀に入ってから現在までの政治・経済を改めて概観することである。長らく「アジアの病人」と呼ばれてきた同国が，現在享受している好況を背景に自らを「最後の龍」と呼ぶのであれば，それを持続的な成長へと転換することは可能なのだろうか。生産や雇用面，あるいは急速な成長で経済を支える産業の現状を確認するとともに，可能な場合には，それら産業の高度化や，前アキノおよび現ドゥテルテ政権がキーワードとして採用する包摂的成長への課題を提示する。そして第2に，フィリピンについてさらに知る／考えるための「情報（データ）を入手するための情報」を提供することである。

　本書をこのような目的と後述する章構成とした契機は，国家経済開発庁（National Economic Development Authority: NEDA）が2016年に掲げた「AmBisyon Natin 2040」というスローガンにある。2015年にNEDAが策定プロジェクトを立ち上げ，300人以上がたたき台作成の議論に参加し，全国で10～30代の若年層を中心に実施された約1万人へのインタビューをもとに作られた，2040年の国や国民の望ましい姿を描いたフィリピン初の長期開発ビ

ジョンだという。ことば遊びの上手なフィリピン人だが，政府機関も負けてはいないようだ。英語であればNation's AmbitionかPeople's Dream，日本語ならば「国／国民のビジョン／望み」と訳せばよいだろうか。内容については次節で概観するが，行政機関が主体となり，「少なくとも，今後4政権はこのビジョンに基づいて開発計画を策定する」のだと宣言した点は，過去にこのようなアプローチは採用されたことがないため，注目に値しよう。

　次節以降では，まず，この長期開発ビジョンと現ドゥテルテ政権の社会・経済政策基盤である通称「10ポイント・アジェンダ」の概要を紹介する。第3節では本書の構成と各章の概要をみる。第4節では，各章の内容から浮かび上がる現時点での「包摂的成長」や「包摂性」への論点を挙げ，最後に本章をまとめる。

2．初の長期開発ビジョン（AmBisyon Natin 2040）とドゥテルテ政権の「重点社会・経済政策10項目」（10ポイント・アジェンダ）

　まず，長期開発ビジョン（図総-1）と現ドゥテルテ政権の重点政策（表総-1）をみてみよう。

　AmBisyon Natin 2040（NEDA 2016）では，長期目標を以下のように設定している。「2040年には，フィリピンは貧しさから解放された，豊かな，大多数がミドル・クラス（中間所得層）の社会になる。国民は長寿で健康な生活を享受し，賢く，創造的で，信頼性の高い社会で生活しているだろう」。約1万人へのインタビューで得た，将来における生活の理想像をまとめた文章である。そしてさらに，「安定した，快適で，安全な生活を享受」するための工程として，優先的に投資・振興の対象となる分野を定め，拡大をめざすとしている。その優先投資・振興分野を示した図総-1最下段の3列を横並びでみると，ほぼ全産業が列挙されているが，それがフィリピン国内の現状を勘案した結果なのだろう。また，理想の生活レベ

ルを表す唯一の数値目標として挙げられている「1人当たり所得の3倍増」（図総-1中の下線部分）は，大まかに例えるなら，現在，全国平均レベルの所得（約3000USドル）を得ている人が，2040年に同じく現在の首都圏平均所得（約9000USドル）を稼得できる社会を実現することを意味する。本書では優先投資・振興分野のすべてを網羅してはいないが，各章でも言及しているように，この目標の達成には，現状を十分に認識したうえで産業や機会の偏在とさまざまな格差を縮小させていく努力が必要である。

では，この長期開発ビジョンを前提とするドゥテルテ政権の重点政策は，どのような内容だろうか（表総-1）。左側の「10ポイント・アジェンダ」は，大統領選挙期間中に重点政策としてすでに公にされていた。各項目をみると，AmBisyon Natin 2040を基盤としており，NEDAの意図を尊重していることは明らかだ。また，前アキノ政権期の経済政策や貧困層を

図総-1　AmBisyon Natin 2040のスローガンと骨子

安定した，快適で，安全な生活の享受		
国民全体の中間所得層化と貧困の解消	長寿で健康な生活，賢明で創造力に富む国民（の育成）	高信頼社会，文化的多様性を許容する回復力のあるコミュニティ
・<u>1人当たり所得を最低3倍に</u> ・大多数の生活の質を向上させられる経済成長の実現	・産業投資，教育投資により国民に普遍的な経済発展の恩恵を付与	・多様性を許容しつつ，相互扶助の促進された社会の形成

優先的投資／振興対象と分野		
各種サービスの強化	産業振興	インフラ整備
・住宅建設と都市開発 ・教育サービス ・保健・ウェルネスサービス ・金融サービス ・観光および関連サービス	農業 　食料生産，商業・加工用穀物，農業バイオ技術 製造業 　食品加工，住宅・建設関連，輸送（機器）製造，その他	コネクティビティ 道路，橋梁，空港・港湾，輸送機器，交通システム，通信

（出所）　NEDA（2017a）より筆者作成。

対象とする社会政策（条件つき現金給付プログラムやリプロダクティブ・ヘルス法）の継続や拡充を謳い，前政権期における景況の維持による貧困削減をめざしていることがわかる。就任後（通常は6カ月以内）に策定・公開される任期中の開発計画（Philippine Development Plan，**表総-1**右枠および**表総-2**）における数値目標には，長年の課題でありながら改善ペースの鈍い貧困率や失業率の低下を挙げている。とくに首都圏外での貧困や不完全雇用率，若年層の失業を重視しているのは，これらの問題の改善こそが，政権への国民の支持を維持する鍵であることを十分に認識しているからだろう。そして，これら就業機会の偏在やさまざまな格差の縮小が実現

表総-1 ドゥテルテ政権の10ポイント・アジェンダ（重点社会・経済政策10項目）と開発計画2017-2022のおもな目標（右枠内）

		開発計画2017-2022のおもな目標（数字はすべて2022年）
0	前提・中心（the centerpiece）：平和と秩序	
1	財政・金融・貿易政策を含む現在のマクロ経済政策の継続と維持	**GDP実質成長率** 7〜8％
2	累進課税の導入と徴税効率の向上，インフレ率連動税の導入	
3	競争力の強化とビジネス環境の整備：（ダバオ市など）地方都市へのビジネス誘致成功例をモデルとして適用，FDI誘致のための土地所有を除く憲法上の外資規制の緩和	**1人当たり所得** 5000USドル
4	官民協力（Public-Private Partnership: PPP）を中心とするGDP5％相当のインフラ支出	
5	農業および地方企業の生産性向上と非都市部における観光業振興のための地方バリュー・チェーンの強化	**貧困率** 全国 14.0％ 非首都圏 30％
6	投資促進のための都市保有（借地）保障の確保，不動産管理・所有権監督機関の能力向上	
7	保健・教育制度を含む人材開発への投資，ビジネス・民間部門の需要に即した訓練技術の提供	**失業率** 労働人口全体 3〜5％
8	自立的で包摂的な発展に向けたイノベーションと創造的能力の強化を可能にする化学・技術・芸術の推進	若年失業率 8％
9	（所得の）不安定性と経済ショックから貧困層を保護する「条件付き現金給付」（Conditional Cash Transfer: CCT）を含む社会的保護プログラムの拡充	非首都圏不完全雇用率 16〜18％
10	貧困家計の生活維持や家族計画に関する「情報に基づく選択」を可能にする「リプロダクティブ・ヘルス（Reproductive Health: RH）法」の履行強化	

（出所）　NEDA（2017b）より筆者作成。

すれば，結果として2022年には「1人当たり所得5000USドル」が達成され，高位中所得国入りも実現する，というシナリオを描いているのだ。なお，国際通貨基金（IMF）・世界銀行では，「高位中所得国の1人当たり所得レベル」（2018〜2020年適用）を3996〜1万2235USドルとしている。

3．本書の構成と各章の概要

3-1 本書の構成

この総論につづく本編は，3部構成となっている。各章の概要は次項を

表総-2　歴代政権による開発計画とテーマ

政権	任期	開発計画のキーワードと主題
アロヨ 1次 （副大統領 から昇格）	2001- 2004	「公平性を伴う成長」（equitable growth） →持続的な成長と貧困削減，雇用創出 （自由な企業活動に基づく公平な成長を伴うマクロ経済の安定，社会的公平と農水業の近代化，包括的な人材開発と弱者保護，よいガバナンスと法による統治）
アロヨ 2次	2004- 2010	「貧困との闘い」（war against poverty） →成長と雇用創出による貧困削減 （経済成長と雇用創出，エネルギー，社会的正義と基本的ニーズ，教育と若者の機会，反腐敗とよいガバナンス）
B・アキノ	2010- 2016	「包摂的成長」（inclusive growth）　→雇用創出をもたらす経済成長 （包摂的成長の追求，マクロ経済政策，競争力のある工業・サービス業／農水業，インフラ開発促進，活力ある包摂的な金融システム，よいガバナンスと法による統治，社会開発，平和と安全，環境と資源保護）
ドゥテルテ	2016- 2022	「安定した，快適で，安全な生活（の実現）」 (matatag, maginadawa, panatag) →包摂的成長，信頼性の高い強靭な社会，国際競争力をもつ知識経済の基盤の形成 （1人当たり所得5000ドル，とくに非首都圏や若年層の貧困率・失業率の改善，公的制度への国民の信頼回復，格差の解消）

（出所）　NEDAウェブサイトより筆者作成。

参照されたい。まず第 1 部では，2000年代以降における国内経済（第 1 章）と政治（第 2 章）を振り返る。1980年代から1990年代半ばまで「アジアの病人」と呼ばれていたフィリピンは，2013年に投資適格に返り咲いたこともあり，高成長が続いている。2000年以降の歴代大統領（グロリア・マカパガル・アロヨ，アキノ，ドゥテルテの 3 氏）はそれぞれの志向に従って，経済・社会・開発・外交に関する政策を実行（しようと）してきた。どのような政治力学や人物・グループが関与し，政策具体化の可否に影響を与えたのかを明らかにするとともに，フィリピン経済の特徴を最初に整理することから始めたい。

　1985年の民主化後に制定された憲法下では，国家元首である大統領職は直接選挙で選出され，再選が禁止された一期 6 年のポストであるため，外部からは政策とその実施への懸念が絶えない。大統領に権力が集中する政治制度ではあるものの，政党が何らかの信条のもとに集まる政治家グループとして機能していないフィリピンでは，大統領職にある者の政権運営において，政策の実現に影響力を及ぼすグループや人物との連携が不可欠となる。第 2 章は本書で唯一「政治」を扱っているが，過去20年のあいだに議員・議会や閣僚たち，政策の実現に直接・間接的に影響を受ける実業界などが，大統領と合従連衡（あるいは反発）しながら，どのように政策を策定し，実現してきたかを追っている。就任以来，ドゥテルテ大統領は特異な個性と言動が注目を集めてきたが，経済・社会政策に関しては基本的に前アキノ政権の方針を継続している。その政治過程は前任であるアロヨやアキノを踏襲していることが分析されており，第 1 章とあわせると，フィリピンという国の経済と政治の現状と特徴が整理できる。

　続く第 2 部では，フィリピン経済が消費に牽引されて成長してきた内需主導型であるという特徴を明確に描写できる産業をとりあげることとした。第 1 章の図 1 - 5 〜 1 - 7 にみる産業構造は，機器・機械産業のシェアが小さい点，製造業の約半分を食料品産業が占めていることが特徴的である。そこで，「食料品産業」（第 3 章），「卸売・小売業および運輸・倉庫業」（第 4 章）をとりあげている。「食料品産業」と「卸売・小売業」は製造業とサービス業の最大業種であり，「運輸・倉庫業」とともに，「消費主

導型経済」を端的に表す産業でもある。これらの産業は，生産面でのシェアは大きいが，生産性や収益性が高いとはいえず，また，首都圏だけでなく地域にある程度分散しており，多くのインフォーマル事業者や従事者を抱えているという共通点をもっている。

第3部は，潤滑油や血液に例えられ，すべての経済活動や経済発展の過程における裏方でもある金融（銀行）業と，2000年代以降のフィリピンを最も特徴づける新興サービス産業の例としてビジネス・プロセス・アウトソーシング（Information Technology and Business Process Outsourcing: IT-BPO）産業をとりあげる。これらには，第2部でとりあげる産業とは対照的に，首都圏集中型で収益性が高く，高度人材を雇用し，被雇用者の所得レベルが高いという特徴がある。産業自体の収益性は高いが，銀行部門は経済の潤滑油としての機能を十分に果たしているのか，一大輸出産業に成長したIT-BPO産業は国際競争力と成長を維持できるのか，という視点で現状を解説する。

本書の最後には，「資料紹介と解説」として，フィリピン経済・社会や産業あるいは企業に関する統計資料を中心に，利用にあたっての留意点，また，それらの包括的ポータルとなるべきガバメント・オープン・データサイトについての解説と現時点での評価を加えた。経済・産業統計をはじめとするフィリピンの各種統計は，公表された状態のままでデータセットを作成しても多くの場合で中長期的な不整合を含むため，十分な留意が必要である。本書では構成と紙幅の制限により対象としていない分野やイシューもあるため，データ収集や調査の参考になれば幸いである。

以下では，各章の概要を紹介する。

3-2 各章の概要

第1部では，2000年以降のフィリピン経済（第1章）とアロヨ・アキノ・ドゥテルテ3政権の経済・国内・外交政策（第2章）を概観する。

フィリピンは，消費がGDP成長に寄与してきた内需主導経済である。1980年代から2000年代初め頃までは低成長期にあったことを反映して，投資の寄与度が低い時期が20年ほど続いたが，近年では建設・設備投資の寄

与度が増す傾向を示すようになった。

　地域別総生産では首都圏と近隣地域（約62％）への集中がみられ，その傾向は20年前と比較するとやや強まっている。また，首都圏と最も貧しいムスリム・ミンダナオ自治地域との1人当たり域内総生産の格差は，2009年の約12倍から2016年には約17倍に拡大した。現在でも全人口の約5人に1人が貧困状態にあると推計される。貧困層が減少しないのは，不十分な雇用創出によって，失業者・不完全就業者が労働力人口の約20％を占めているためである。産業別ではサービス業の不完全就業者（56％）が最も多く，インフォーマル部門の従事者も多い。

　産業構造をみると，製造業（GDP比20％）では1970～1980年代の工業化を持続できず，業種の多様化が進まなかった結果，食料品産業が過半を占めている。サービス業では順に，卸売・小売業，金融・保険業，ビジネス管理・支援サービス，不動産業のシェアが大きい。最大の卸売・小売を除き，都市型かつ高学歴な人材を多く採用する（被雇用者の所得レベルの高い）産業である。これらを地域別にみると，農林水産業は中部および南部ミンダナオの割合が高く，製造業は経済特区が複数点在するカラバルソンや中部ルソン，首都圏で70％を超える。サービス業は首都圏に集中している。

　産業別の特徴は，(1)農林水産業は従事者が多いが，利益率や賃金水準が最も低い，(2)製造業の利益率は全産業平均より低く，他産業・業種と比較しても必ずしも高くない，(3)サービス業は最大雇用産業だが，業種による利益率・賃金水準の差異が大きいことが挙げられる。第2部以降でとりあげる産業については，(1)食料品産業は製造業最大で，全国に分散し，農水産業と密接に関連している，(2)卸売・小売業はサービス業に占める割合が大きく投資利益率が高く，従事者も多いが賃金水準は低い，(3)運輸・倉庫業も従事者が多いが，利益率には業種別の差異が推察される，(4)金融・保険業およびビジネス管理業は賃金水準・投資利益率の双方が高い。そして，(1)～(3)では多くのインフォーマル従事者を抱えているといえる。

　第2章では，「連合政治」（coalition politics）という視角に依拠して，

2000年以降のフィリピンの政治の変化と継続を考察している。連合政治とは，政治家，官僚，学者などの専門家，あるいは実業家や社会運動家が参加者となり，大統領を中心とする政治権力を利用（あるいは公然と反対）することで，それぞれが重視する政治信条や目標の実現に努める政治過程である。多様な勢力を巻き込むこうした制度的素地は，1986年の民主化の過程で生まれた。各政権で活動した連合参加者の動きや政策形成の結果を整理すると，以下のようになる。

　第1に，複数の政権で経済政策の運営や継続性を維持したのは，中央銀行や経済関連省庁の高官や著名財界人であった。第2に，政府による積極的な特定の産業政策を見出しにくい。IT-BPO産業への支援策は規制緩和であり，政策支援を実現させたのは人的資本の拡充に関する社会政策である。この一因として，民間の事業活動に介入したマルコス政権の経済運営に対する反感が根強いことがうかがえる。第3に，外交面では経済界よりも政治家の声が重視されてきた。ある事象を国際関係上の構造変化として説明するよりも，自国民の安全確保や国内の反政府勢力の問題として説明する方が，選挙民である国民には承認されやすいからであろう。第4に，外交面での連合政治では，対中関係において外交・安全保障を重視する連合と，経済的権益を重視する連合との利害の不一致が顕著になっている。政治的な思惑とは別の側面として，貿易・投資の両面で事実上の対中関係は深まっていくと考えられる。

　過去20年間に連合政治に参加してきた人材は，とくにマクロ経済政策と社会政策に関連した層が厚く，外交問題については，主張の異なる複数の連合が利益と理念をもって対立する構図が理解できる。現ドゥテルテ政権もマクロ経済政策に関して前政権までの連合参加者を閣僚に任命しているが，ほかの連合にも今後影響を受ける可能性がある。

　第2部では，経済の停滞期には強力な下支えとなり，好況期にはより経済を加速させる典型的な「消費主導」であるフィリピン経済を支える一産業として食料品産業（第3章）を，また，それらを流通させ消費者に販売する卸売・小売業と運輸・倉庫業（第4章）をとりあげる。各産業の構成や立地，地域的分散・集中の状況や労働生産性，産業としてより発展する

ためのボトルネックなどが俯瞰できる。所得の増加とともに拡大を維持できる産業であるだけに，何に梃子入れすれば中長期的な効率化や生産性の向上，地域振興に繋げられるか等について考察する基盤となろう。

　第3章「食料品産業」は，事業者数，従業者数，生産額で製造業最大（2015年統計）の産業である。ほかの東南アジア諸国とは異なり，農産品・食料品とも輸入超過となっているフィリピンでは，食料品業の盛衰は内需の動向とともにあり，原材料を生産する農水産業は不可分の存在である。統計からは，地理的条件や生産地・消費地との距離などを要因として全国に分散しているが，大消費地に隣接し，効率的に生産・加工・販売を実現している一部地域や製品を除き，産業全般の生産性は停滞していることがわかる。一方，開発の進んでいないミンダナオ地域の生産・輸出両面での役割も確認できる。この食料品業に始まり，外食産業までの一大サプライチェーンを形成している大手企業グループもあるが，大半を占めるのはインフォーマルな中小零細企業であることも指摘されている。

　このような現状から挙げられるファインディングスは，第1に，経済水準の低い地方にも立地し，多くの雇用を支えていることから，インフォーマルな小規模経営とその従事者の実態をより正確に把握する必要性が高いことである。第2に，安定的な原材料調達，生産加工技術の向上と生産工程の効率化などを実現するための関連産業との連携に注力することである。こうした取り組みは個々の中小零細企業には限界があるため，組織化が前提となる。そして第3に，産業の枠を超えてはいるが，とくに関連の深い農水産業との連携強化を見据えた生産活動や，物流網を支えるインフラ・環境の整備と向上を図ることの重要性が挙げられる。地方経済や貧困層が多く依存する農水産業の非生産性や非効率性は長く指摘されており，底上げを実現することによって，貧困削減に直接・間接的に寄与する一方途ともなる。最終的には，食料品産業以外の分野も視野に入れた包括的な取り組みが必要であると締めくくられている。

　第3章の食料品業を含む製造業の拡大を支えるのが，あるいはそれとともに発展していくのが物流（運輸・倉庫業）やエンドユーザーまでの経路を作る卸売・小売業であり，一連のサプライチェーンを形成して製造業と

表裏一体をなすべき産業でもある。続く第4章では，相互に関連の深いこの2業種を俯瞰している。

　卸売・小売業はサービス業では最大の雇用を吸収しているが，卸売は首都圏に集中し，小売は品目によって地域分散がみられる。また，生産性が過去10年であまり変化していない要因には，売上原価率の高さがあると確認できる。また，企業ランキング上位1000社の20％を占める産業でもあり，外資系企業が優勢な卸売と，スーパーマーケット・チェーンを中心とする国内資本大手が占める小売という棲分けの構図が明確であることも判明した。

　運輸・倉庫業をみると，産業内シェアは「陸運業」，「倉庫業・運輸支援活動」，「航空運送業」，「水運業」の順となるが，ここでも，最大の陸運業にインフォーマル事業者および従事者が多く存在すると推定される。生産性では陸運業が低く，投資額が大きい運輸支援活動と倉庫・保管業に上昇がみられる。企業動向からは，好況による購買力の上昇を反映してか，小売業への後押しや電子商取引の発展に関連した商機を見出そうとするロジスティクス分野での出資や買収案件が発生し，近年では大手企業グループによる業界内の再編が起こりつつあるという。

　この2産業の成長が停滞している要因は，食料品業と共通している。第1に，両産業ともに，なかでも陸運業と小売業にインフォーマル事業者や従事者が非常に多いと推定されるため，発展を企図するには実態の把握が不可欠であることだ。第2には，労働生産性の問題がある。産業の低生産性が，結果的にヒトやモノの輸送や移動を非生産的あるいは非効率な状態にとどめていると考えられる。ロジスティクスにIT技術などを導入する余力のある大手企業グループの小売事業者は，自力での労働生産性の向上が可能だが，中小零細企業や低所得層向け事業者が商取引などの構造的な問題に対処するのは困難だと指摘する既存研究もある。第3に，とりわけ運輸・倉庫業の生産性向上と関連性の高い事業環境として，インフラ整備を含む輸送システム全般の向上が不可欠な点がある。輸送インフラに対する国外の評価が継続して下落していることは長らく問題視されており，現政権も投資拡大や経済成長への障害になっていると認識している。2017年

に採択された産業初の「国家運輸政策」や，策定が予定されている「運輸システム・マスタープラン」に基づく迅速な成果が期待される。

第3部では，21世紀に就業者が5割を超えたサービス業から，金融（銀行）業（第5章）とIT-BPO産業（第6章）とをとりあげる。前者はあらゆる経済活動の維持と拡大に不可欠な資金仲介を担う産業であるが，フィリピンでは現在も「いつでも，どこでも，誰でも」受けられるサービスではない。銀行の与信行動の推移と特徴，監督機関である中央銀行の金融アクセス向上への施策を整理・概観する。他方，直接投資を誘引する産業が多くはないフィリピンにおいて，IT-BPO産業は成長速度や国際収支へのインパクトが大きい特異な存在であるだけに，さまざまな議論を国内外で惹起している。産業の進展を概観するとともに，高度サービス業が抱える課題を現状から検討する。

第5章の金融（銀行）部門は，ほかの産業以上に大手・中堅行の首都圏集中が著しい産業である。国内ユニバーサル銀行が預金・融資残高の約80％を占め，本支店ネットワークでも圧倒的なプレゼンスを維持している。金融仲介機能やサービスへのアクセスの観点からは，地域的な格差のほかにも，銀行の認可カテゴリによる規模の格差も著しく，それが首都圏外における金融仲介の低調さの要因となっていることがわかる。この背景には，銀行の保守的な与信姿勢があり，大手企業による不動産開発や家計消費金融に傾斜した結果，地方経済の要である農業や物流関連業，中小・零細企業向けの金融仲介機能を必ずしも十分に果たしていないことが指摘される。ほかのアジア太平洋域内や低位中所得国と比較した国際機関の調査結果は，国内中小企業・零細企業が直面している外部資金へのハードルが高いことを示している。中央銀行は域内や国際的な取り組みを契機とする自由化や，おもに中位行の経営基盤強化と合併・買収を促進する資金的支援，金融アクセス格差の改善をめざす施策を実施しているが，支援プログラムにはスキームの方針転換などのさらなる工夫も必要だと考えられる。

ただし，金融アクセス向上の一環として導入された諸制度（少額預金口座，電子決済システムと第三者代行決済による小口キャッシュレス決済，提供

するサービスを限定した小規模支店開設の容認）は，インフォーマル事業者やその従事者，貧困層を含む資金需要サイドだけでなく，供給サイドの金融サービス提供にかかわるリスクとコストを軽減する効果もある。そのため，外資系を含む大手・中堅行と中小銀行の合併やネットワーク形成にも変化をもたらす可能性があり，今後の拡大と進展が期待される。

　第6章でとりあげるIT-BPO産業は，銀行業と同様に都市部を集積地とし，生産性も高く，高学歴は要求されるが被雇用者の所得レベルも高い。フィリピンでは，2000年代初から旺盛な外資系企業の投資により急速に発展し，約20年で音声サービス部門が世界トップシェアを獲得，サービス貿易の黒字化に大きく貢献する従業者数130万人規模の産業に成長した。

　しかし，産業規模や高度化において先行するインドや中国と比較すると，専門知識・技術集約的サービス分野の蓄積不足やインフラおよびビジネス環境の未整備が指摘されるなど，フィリピン側の認識と投資企業など国外の評価には乖離がある。産業行動計画（ロードマップ）では，喫緊の課題として，高度化するサービス内容に対応する人材を育成する高等教育システム（大学以上）の確立と，質量両面での人材需給ギャップを縮小するため，職業訓練・技術教育制度の拡充を挙げている。教育・訓練機関は集積地に偏在しており，課程の質的レベルの向上と機関数の増大，地域的分散を実現するには，人材を需要するIT-BPO産業側の積極的な関与が必要である。また，投資企業が抱くビジネス環境への懸念に対しては，国内集積地のインフラ整備状況について情報開示を行うなどのフィリピン側の取り組みが求められる。

　なお，高度人材を雇用する成長著しい産業が経済にもたらす影響については，多様な見解がみられる。バンドワゴン効果への期待や，周辺産業での間接的雇用を通じた低所得・貧困層への稼得機会の提供，教育機会の格差による所得格差拡大への懸念などである。現時点では，集積地での間接雇用が短期的な包摂的成長に寄与することが挙げられ，中長期的には，教育・訓練制度の拡充による技術・知識習得チャネルの多様化が，間接雇用から直接雇用への移行をもたらす可能性が指摘されている。

4．本書のまとめと2040年への展望

　本書では，フィリピンのマクロ経済概況と2000年以降の各政権における主要政策に関与した「連合参加者」（政治家，財界人，学者，社会団体等）と大統領との支援と対立を提示したのち，国内経済構造を端的に表す4産業について概観している。本節では全体をまとめるとともに，前アキノ政権と現ドゥテルテ政権の開発計画におけるキーワードである「包摂的成長」と，2040年に向けた展望を述べておきたい。

4-1　本書のまとめ

　「消費主導型」であるフィリピンのマクロ経済概況からは，2010年代から現在までの好況を受けた消費関連産業の成長を観察できる。他方で，地域・所得間格差が存続し，全国的に分散して立地する産業はインフォーマルな事業者や従業者を多数抱え，失業や不完全雇用を解消できるほどの強さはみられない。このような概観のもとで生産シェアが大きい産業を本書の対象として選択した結果，対照的な組み合わせとなった。第1節でも述べたが，第2部でとりあげた「食料品産業」，「卸売・小売業と運輸・倉庫業」は，労働生産性や収益性と被雇用者の所得レベルは全般的に低いが，産業の性質上，全国に分散しており，とくに非首都圏においてインフォーマルな事業者や（不完全労働者を含む）従事者を吸収していると推測される産業である。一方で，第3部の「銀行業」と「IT-BPO産業」は，生産性・収益性ともに比較的高く，高学歴人材を雇用するため被雇用者の所得レベルも高いが，極端な首都圏集中や限られた地域でのみ集積している産業である。

　各章での概観や整理をもとにファインディングスをまとめると，第2部の産業グループ（食料品産業，卸売・小売業と運輸・倉庫業）では，労働生産性の向上や所得レベルを高める機会を提供するため，労働生産性の低さの要因特定と，物的インフラや商習慣の改善など，産業を取り巻く環境の向上を図ることが重要である。第3部の産業グループのうち「銀行業」で

は，本支店ネットワークや営業規模の地域間格差，地域や産業別での融資額の偏在を解消しつつ，必要な金融サービスを普及させる施策に取り組んでいるのが現状であり，継続的な課題ともなっている。自由化はもとより，ITも援用した金融インフラの整備や経営基盤強化策が外資系金融機関も含む再編をもたらし，貧困層や非都市部，インフォーマル部門への金融アクセスの向上に結びつくか否かが焦点となろう。他方，「IT-BPO産業」では，国際市場での競争力維持と直接投資を継続的に誘引するため，サービスの高度化を実現する教育制度を確立し，集積地以外にも分散させること，産業集積（候補）地のインフラ整備に関する情報公開を行い，国内外の投資家の懸念を払拭することである。また，短期的波及効果としての間接雇用増加に加え，教育・訓練制度を通じた直接雇用機会の増加にも注視していく必要がある。

　ここで新たに浮かび上がるのは，各産業のみで改善に取り組める範囲を超え，複数の産業や行政組織の関与を必要とするレベルでの施策の必要性である。第3章で述べられているように，食料品産業の生産性や効率性を向上させるには，物的インフラの整備やロジスティクスの合理化は欠かせない（第4章の企業動向で紹介されている小売企業とロジスティクス企業間で実現している買収などの再編は，企業側が先行している例といえる）。しかし，第2章でも指摘されているように，政治・連合参加者サイド双方で産業政策を積極的に関与・展開する事例は，少なくとも2000年以降の政権では観察されていない。フィリピンの「産業政策」や「開発計画」の実現段階で障害となってきたのは，整合的な政策を関連する各分野に落とし込むことや，その実施が欠落していたことにあるのではないだろうか。連合政治という政策の策定や実現メカニズムが上記の機能を備えるようになれば，フィリピンの大統領制は新たな局面を迎えることになる。また，複数の産業・組織間での調整や協調が不可欠な条件のもとでAmBisyon Natin 2040を「産業政策」や「開発計画」を鳥瞰する上位の概念と位置づけるなら，その役割（の一部）はNEDAも負う必要があるだろう。

4-2 2000年以降の「開発計画」と「包摂的成長」
　　　──2040年に向けて──

　開発計画のキーワードとして採用されており，現在のフィリピンに必要な概念だと為政者が認識しているのが「包摂」という言葉である。「包摂的成長」とは，世界銀行やOECDなどの定義によると，「社会経済的な属性や性別にかかわらず，経済成長の機会と成果をすべての人々に届け」られるような経済成長だという。

　包摂的成長への足枷になるのは，構造的不平等と所得格差だといわれる。構造的不平等とは，たとえば教育，保健など行政サービスへのアクセスや，雇用機会，教育機会における格差である。これらを念頭に，歴代政権の開発計画（表総-2）の右コラムを縦に眺めてみよう。「包摂的成長」に関して，現在のフィリピンではどのような文脈が成り立つだろうか。3政権の開発計画のなかで繰り返し使用されている言葉や対象者が「包摂性」から漏れているものだとすれば，その答えは明らかだ。雇用創出と若年層である。

　機会の平等が保障されている公正な社会では，多くの人に裨益する質の高い成長を期待できる。雇用の拡大や個人の潜在能力が生かされるからである。しかし現実には，世代を超えて継続・継承されてしまう何らかの格差が存在する。自らの努力で取り払えない不平等や格差が，機会の不平等の原因となる。それを取り除くのに必要なものは何だろうか。

　包摂的な成長を実現するための重要な開発政策上の視点は，(1)貧困層をターゲットとした人材育成，(2)適切な所得と再分配政策，(3)格差を生むような歴史的な社会構造の変革，とされる（広田 2016, 25）。条件つき現金給付政策や義務教育の無償化が前政権によってすでに導入されており，これらの政策を継続・拡充することを謳っているドゥテルテ政権は，正しい選択をしているといえるだろう。上記の前提とAmBisyon Natin 2040のもとでこれら政策が維持されれば，フィリピンは雇用・稼得機会の不平等が中長期的に縮小していく過程を経験できるかもしれない。

　他方，社会構造の側面からは，現時点では答えられない問題もある。それは，個人を対象とした政策が効果をもたらすと，社会構造もそれにとも

なって変化するだろうかという問いである。第2部でみたように，フィリピン経済や雇用を広く支える産業（食料品業，卸売・小売業）や，ドゥテルテ政権が注力するインフラ関連産業（運輸・倉庫業）は，インフォーマルな事業者・従事者が多いと推定されている。これら産業で就業している人々が教育機会を得てフォーマル部門で雇用されていく道筋が確立されれば，インフォーマル部門は徐々に縮小し，将来には消滅するのだろうか。現時点では明確にはみつけにくいこの問題への解を，2040年のフィリピンが示せるか否かは，興味深い視点のひとつだろう。

5. おわりに

産業であれモノであれ，国外からフィリピンに何かを呼び込みたい場合に必ず使われるのは，「若い国」という言葉だ。人口中央値が20歳代半ばであるこの国では，人口ボーナスは今世紀半ばまで続くと予測されており，現在の好況が持続可能なものであれば，「高齢化」や「消費の停滞」を経験するにはまだ時間的余裕があると考えられる。しかし反面，人口ボーナスは就業と稼得を必要とする若年層が労働市場に入り続けることも意味する。彼らを含む国民が国の発展にともなって自分たちの生活レベルも上昇した／していると実感できる社会の実現を，現ドゥテルテ政権は開発計画のなかで目標として明言している。それは，首都圏外に住むある若者が，2022年に大統領の政権運営を評価する重要なポイントのひとつになるだろう。AmBisyon Natin 2040が発表された2016年からみると，2040年はほぼ「一世代後」に当たる。NEDA，現ドゥテルテ政権とその後3代にわたる将来の大統領が（ビジョンの継承を守るか否かを含め）そこに賭ける夢と"Ambisyon"が実現するか否か，そしてさらに，20世紀後半に東・東南アジア諸国が程度の差こそあれ実現してきた経済発展とその果実の享受を「最後の龍」として掴むことができるのか，興味深い視点である。

最後に，AmBisyon Natin 2040策定のために実施されたインタビューの概要とスローガンの実現に向けた工程をまとめたNEDAのレポートに

掲載された以下の文章（NEDA 2017a, 29）で，この総論を締めくくる。ここに表現された社会が「龍」がめざす天空だとすれば，そこはまだはるかに高く，飛び立つ足元が強固なのか，あるいは砂地なのか，フィリピン自身がまず十全に理解しなければならないと考えられるからだ。

　すべての"カルロス"たちが，どれほど貧しくとも，望めば教育を受けられ，懐が温まる仕事につけ，豊かな人々が掴めるのと同等のチャンスに満ちた人生を送れなければならない。すべての国民が自分の夢を実際に追いかけられる国が，長期にわたって持続的な成長を実現できるのだ。

〔参考文献〕
（各URLの最終アクセス日：2018年10月28日）

〈日本語文献〉
広田幸紀 2016.「『質の高い成長』と包摂性」開発協力文献レビュー (8) 9月，JICA Research Institute（https://www.jica.go.jp/jica-ri/ja/publication/litreview/l75nbg00000080pr-att/JICA-RI_Literature_Review_No.8.pdf）.

〈外国語文献〉
NEDA（National Economic and Development Authority）2016. "AmBisyon Natin 2040: A Long-Term Vision for the Philippines," Pasig City: NEDA（http://2040.neda.gov.ph/wp-content/uploads/2016/04/A-Long-Term-Vision-for-the-Philippines.pdf）.
―― 2017a. *Vision 2040: The Filipino, Public Consultations: Discussions with the Filipino Youth*, Pasig City: NEDA（http://www.neda.gov.ph/2017/11/02/vision 2040）.
―― 2017b. *Philippine Development Plan 2017-2022*, Pasig City: NEDA

第1部
マクロ経済と政治

第1章
経済概観

鈴木　有理佳

1. はじめに

　1980年代から1990年代半ばにかけて経済が低迷し，「アジアの病人」とまでいわれていたフィリピンだが，近年は内需に牽引されて高成長が続いている。人口は1億人を超え，生産年齢人口の増加が今後も続くと予想されていることから（末廣・大泉 2017），労働力が豊富でかつ有望な市場としても注目されている。本章は，こうしたフィリピン経済の状況について改めて概観し，後章につなげることを目的とする。経済成長が持続するようになった2000年代以降を振り返り，この期間における経済構造の変化の有無を確認しつつ，その特徴を整理する。

　先に本章の内容を大きくまとめると，次のようになる。フィリピン経済は基本的に内需主導型で，とくに消費に牽引されて成長してきた。ただし，地域間格差や所得格差が依然として大きく，いまだに5人に1人が貧困者である。国内における雇用創出は不十分で，失業者や不完全就業者[1]が多く存在する。そして産業面では，1970年代に一時的にみられた工業化が持続せず，1980年代以降，サービス業が拡大している。フィリピンの歴

---

1) 英語表記はunderemployment。フィリピン統計庁（Philippine Statistics Authority: PSA）の定義では，労働時間が週40時間以下である者も含め，就業者ではあるが，さらなる労働時間や仕事の追加を希望する者とされる。

代政権は，貧困問題に取り組むことを開発計画の中心に据えてきたが，これまで大きな成果を上げていないのが実情であり，今日の課題でありつづけている。

以下の節では，フィリピンのマクロ経済動向，地域間格差や所得格差，労働雇用状況，そして産業構造について確認していく。

2．マクロ経済

フィリピン経済は，近年では経済成長率が6％を超え，好調が続いている。ただし，過去を振り返ると1980年代以降，2000年代初め頃までは成長率が5％を超えることが少なく，東南アジアの他国に比べて低調な時期があった。

経済は基本的に内需主導型である。図1-1の実質GDP成長率の需要別寄与度で示したとおり，これまで主として消費が成長を牽引しているが，近年では投資も安定的にプラスに寄与するようになってきた。消費拡大の背景には，海外就労者からの送金の増加に加え，都市部における賃金の高いビジネス・プロセス・アウトソーシング（Information Technology-Business Process Outsourcing: IT-BPO）[2] 就業者の増加などが指摘されている。海外就労者からの送金の規模は，2017年にGDPの約1割であった。なお，この送金に関して，送金の有無と貯蓄傾向を調査した統計（Survey on Overseas Filipinos）によると，「送金あり＋貯蓄なし」と「送金あり＋25％未満を貯蓄」，すなわち送金のほとんどを消費すると回答した世帯が2015年に約74％存在し[3]，その割合は2010年の約66％に比べて増加している。こうした消費の一部は，教育費や不動産購入など，見方によっては投資に分類される項目に支出されている可能性もあるが，正式な貯蓄に回される金額は少ないことが推察できる。

2）　詳しくは第6章参照。
3）　調査の枠組み上，調査実施月（例年10月）に先立つ6カ月間（4〜9月）の送金額と貯蓄（送金額のうち在留家族が使わなかった割合）を聴取しており，通年の傾向を示すものではないことに留意されたい。

投資は，建設投資と設備投資の両項目で近年，寄与度が増してきた。とはいえ，東南アジアの他国に比べると投資率は高くない。たとえば，1997年から2016年までの平均投資率（GDPに占める総固定資本形成の割合）は，フィリピンが約21％であるのに対し，インドネシアが約27％，タイとマレーシアが約25％，ベトナムが約28％である[4]。フィリピンの投資率は近年こそ上向きになってきたものの，低調な状況が長期間続いていた。

外需もフィリピン経済に寄与しているが，国民所得統計（National Accounts of the Philippines）上は必ずしも一貫していない。既出の図1-1で示され

図1-1 実質GDP成長率の需要別寄与度

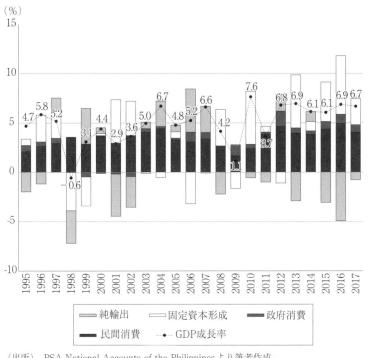

（出所）PSA National Accounts of the Philippines より筆者作成。
（注）統計誤差を除く。

---

4) World Bank, World Development Indicators DataBank より。

ているのは純輸出（輸出と輸入の差）で、プラスに寄与したり、マイナスであったりする。そこで輸出と輸入の寄与度を個別に確認すると、それぞれプラスに寄与する年もあればマイナスの年もあり、その幅もかなり変動しているため、図1-1の純輸出も変動している。足元では輸出が安定的にプラスに寄与するようになっているが、同時に経済の好調が輸入の増加を招いており、輸入の寄与度がマイナスに拡大している。その結果、図1-1のように、足元では純輸出が継続してマイナスに寄与する形となっている。なお、実際の輸出入額は増加傾向にあるが、付加価値ベースでみる輸出のGDP比は2000年の51％をピークに減少し、直近では30％を下回るようになった。付加価値という点から改めて外需をみると、その割合は減少している。

　ちなみに、輸出額について1997年と2016年を比較すると、252億ドルから563億ドルへと約2倍になった。ただ、上位2品目は「電気機器およびその部分品」と「機械類およびその部分品」で変わっておらず、輸出額の半分以上を占める。加えて、2016年は「光学機器・精密機器・医療用機器等およびその部分品」や「車両およびその部分品」の割合も増加し、機械類を多く輸出するようになった。その担い手は日系企業をはじめとする外資系企業が大半で、彼らは原材料や部品を輸入し、フィリピン国内で輸出向けに組み立てている。このように主要な輸出品目として外貨を稼ぎ、多くの雇用を生み出している機械産業であるが、付加価値面での経済への貢献[5]という意味においては、そのイメージに反して低くならざるを得ないといえよう。

3．地域間格差

　フィリピンにも他国と同様に地域間格差があるが、その格差が縮小せず、逆に拡大傾向にあることが指摘されている（NEDA 2017; Balisacan and Hill 2007）。そこで、改めて2000年代に入る直前（1998年）と直近（2017年）

---

[5] 国民所得統計上の付加価値を意味する。

の域内総生産比率を確認したものが図1-2である。同図によれば，2017年の域内総生産は首都圏が約38％を占め，つぎにカラバルソン地方が約15％，中部ルソン地方が約9％と続く。この隣接した3地域の割合を合わせると全国の約62％となり，フィリピン経済の過半を占める一方で，ビサヤ[6]やミンダナオ[7]の割合はそれぞれ13％と15％である。総じてフィリピンの経済活動はルソン[8]，それも首都圏とその近隣地方に集中していることがわかる。そしてこの傾向は，1998年と比べるとやや強まっている[9]。

統計の継続性の都合から2009年と2017年の比較になるが，地域間格差が

図1-2 域内総生産の割合

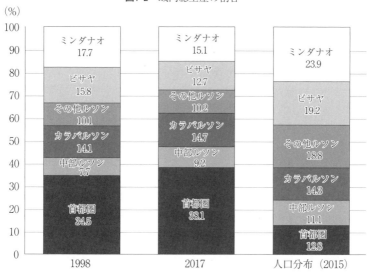

(出所) PSA Gross Regional Domestic Products（1998；2017）およびPSA Census of Population（2015）より筆者作成。

---

6) ビサヤは西部ビサヤ地方，中部ビサヤ地方，東部ビサヤ地方を指す。
7) ミンダナオはサンボアンガ半島，北部ミンダナオ地方，ダバオ地方，ソクサージェン地方，カラガ地方，ムスリム・ミンダナオ自治地域を指す。
8) ルソンは首都圏，コルディリェラ地方，イロコス地方，カガヤン・バレー地方，中部ルソン地方，カラバルソン地方，ミマロパ地方，ビコール地方を指す。
9) Balisacan and Hill（2007）によれば，1975～1985年の首都圏のシェアは約29％，首都圏を除くルソンが約34％，ビサヤが約17％，ミンダナオが約21％であった。この研究発表当時よりも今日の方が，地域格差が拡大しているといえる。

図1-3　地域別の1人当たり域内総生産（実質値）

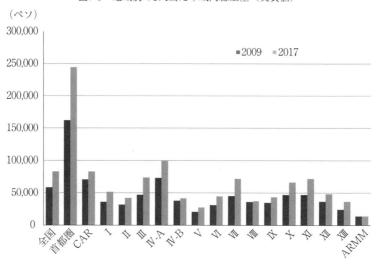

（出所）　PSA Gross Regional Domestic Products（2009; 2017）より筆者作成。
（注）　2000年を基準とする実質値。

やや拡大していることを，地域別の1人当たり域内総生産（図1-3）でも確認しておこう。同指標は次節の所得格差とも重なるが，ここでとりあげることとする。同図によれば，首都圏が最も高く，ムスリム・ミンダナオ自治地域が最も低い。その差は，2009年時点の約12倍から，2017年には約17倍に拡大した。また，8年間で数値が大きく伸びた地域もあれば，ほとんど変化せず停滞している地域もある。中部ルソン地方や中部ビサヤ地方，ダバオ地方のように大きく伸びた地域は，中部ルソン地方が首都圏の近郊で，中部ビサヤ地方にはセブ市が，さらにダバオ地方にはダバオ市があるなど，いずれも経済活動が活発な都市が存在する。

4．貧困と所得格差

前節で述べた地域間格差と同様に，フィリピン経済の特徴として長く指

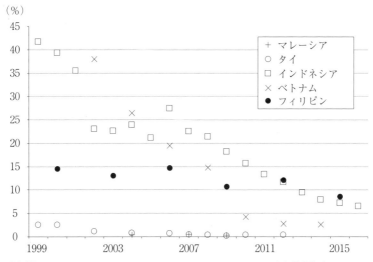

図1-4　貧困率の推移

（出所）　World Bank, World Development Indicators DataBank より筆者作成。
（注）　貧困率は1日当たり1.9ドル以下（2011年の購買力平価）で生活している人口割合。

摘されているのが，貧困者の多さと所得格差である（NEDA 2017; Canlas, Khan and Zhuang 2009; Balisacan 2009）。1986年の再民主化以降，フィリピンの歴代政権は貧困問題に取り組むことを開発計画の中心に据えてきた。図1-4は，その貧困率の推移を東南アジア諸国と比較したものである。フィリピンの貧困率のみ改善が遅いことが確認できる。また，フィリピンが独自に推計する貧困線以下[10]の人口割合は2015年に21.6％（約219万人）で，全人口の約5人に1人がいまだ貧困状態にあると推定されている。

貧困者の特徴に関しては，いくつかの研究が報告されている。まず，各地域の人口に占める貧困率の高さや地域分布という点では，ビサヤやミンダナオがより深刻であることが指摘されてきた（Balisacan 2009; Son and

---

[10]　貧困線は，1人当たりの生存・生活するために必要とされる最低限の食費（2000キロカロリー相当）とその他の費用（衣服や住居，光熱費など）から算出された額で，地域や州ごとに設定されている。フィリピンで「貧困」を用いる場合，この貧困線以下にある人々ないし世帯を指すことが多い。

Carangal-San Jose 2009）が，その状況は今日でもほとんど変わっていない。直近の貧困統計（PSA Poverty Statistics of the Philippines 2015）で貧困者の地域分布を確認すると，ルソンは1991年の44％から2015年の34％へ，ビサヤも27％から25％へとわずかに減少したが，ミンダナオでは29％から40％に増加した（PSA 2015）。このように，貧困者はビサヤとミンダナオに多い。

つぎに，就業している産業との関連では，貧困世帯の6割超が農林水産業に従事し，つぎに建設業，運輸，卸売・小売業などが続くと推計する，2000年代半ばまでの研究（Balisacan 2009）がある。直近の家計調査（2015年）を用いた推計でも，農業従事者と漁業従事者のそれぞれ34％が貧困世帯だとされている（PSA 2017b）[11]。さらに，教育との関連では，世帯主の教育レベルが高いほど貧困家庭が少なくなることが指摘されている（Son and Carangal-San Jose 2009）。

貧困世帯やその少し上の低所得世帯を底辺とする世帯間の所得格差も，

表1-1　所得分配・ジニ係数・貧困率

		1985年	1997年	2006年	2015年
所得分配の割合	下位20％	5.2	4.4	4.8	7.5
	第2五分位	9.1	7.8	8.5	10.8
	第3五分位	13.3	12.2	13.0	14.8
	第4五分位	20.3	20.2	21.0	21.4
	上位20％	52.1	55.5	52.9	45.5
上位20％／下位20％の所得比		10.0	12.6	11.0	6.0
ジニ係数		0.4466	0.4872	0.4580	0.4439
貧困率（％）		n.a.	36.8	26.6	21.6
貧困者数（1000人）		n.a.	23,953	22,644	21,927

（出所）　PSA Family Income and Expenditure Survey 各年版より筆者作成。
（注）　所得分配の割合は全体を100％とした場合の分配状況。ジニ係数は1に近いほど不平等度が高い。貧困率はフィリピンの貧困線以下の人口割合。

11）　PSAによれば，この調査は重複回答である（http://psa.gov.ph/poverty-press-releases　2018年10月31日最終アクセス）。

フィリピンには依然として存在する。**表1-1**では，家計調査（PSA Family Income and Expenditure Survey）による1985年から2015年の4時点における所得分配とジニ係数を比較した。1980年代から1990年代にかけて所得格差が一時的に拡大しているが，総じて上位20％と下位20％の所得比の幅は縮小し，ジニ係数も低下しつつあることがわかる。しかし，それでも2015年の上位20％の世帯は所得総額の半分弱を占めている[12]。なお，所得格差はフィリピンのどの地域内でも観察されており，その地域内格差の大小と地域間格差との相関性は低いという研究報告がある（Son and Carangal-San Jose 2009）。

5．労働市場

貧困世帯や低所得世帯が多い背景には，増え続ける労働人口に対して，雇用創出の不十分さが指摘されている（World Bank 2013）。年間出国者が約200万人を超える海外就労者[13]を除き，国内の労働市場に目を転じると，2017年の失業者は約244万人[14]，不完全就業者が約651万人[15]で，両者合わせて約894万人[16]が安定的な仕事についていない。これは同年の労働力人口の約21％に相当する。失業者と不完全就業者が多い状況はフィリピンで長く続いており，つねに問題視されてきた（World Bank 2018; NEDA 2017; Canlas, Khan and Zhuang 2009）。不完全就業者は2017年時点で農林水産業に39％と最も多く，次いでサービス業に35％，工業に26％存在することが調査によって確認されている[17]。

就業者を産業別に確認すると，2017年は農林水産業が約25％，工業が約

---

12) フィリピン全国において，中間・富裕層は少なく見積もって約1割，下限を広げて約3割と推定される。すなわち，低所得層が少なくとも約7割を占める。所得分配やその格差については，鈴木（2017）を参照。
13) 2016年は約211万人，2017年（暫定値）は約199万人（フィリピン海外雇用庁による）。
14) 失業率にして5.7％（PSA Labor Force Survey）。
15) 雇用者の16.1％（PSA Labor Force Survey）。
16) 労働力人口の21％に相当する。

18％（うち製造業が8.6％），サービス業が約56％である。農林水産業就業者は減少しつつあるものの，その割合は現在も大きいといえるだろう。工業就業者の割合は，過去20年間にそれほど変化はなく，製造業に限ってみると1998年の10.2％から若干減少した。その一方で，次節で述べるように，サービス業の拡大によって同産業就業者の割合が増加している。サービス業の内訳は表1-2に示したが，就業者がとくに多い分野は卸売・小売業と運輸・倉庫業である。

なお，労働面において特筆すべきは「インフォーマル」従事者の存在であろう。ここでいう「インフォーマル」従事者とは，労働統計の就業者数と事業所調査（PSA ASPBIおよびCPBI）の従事者数の差のことである。前者は世帯を調査対象に，後者は「フォーマル」な事業者[18]を調査対象にした統計のため，その差を「インフォーマル」な従事者と便宜的に解釈した。表1-2に示した推計値（2015年）によれば，農林水産業のつぎに卸売・小売業や運輸・倉庫業においてこのインフォーマル従事者が多いことが確認できる[19]。彼らのすべてがとはいわないまでも，大半は収入の低い人々であろうことが想像できる。同じく表1-2では，2016年の産業別月額基本賃金を示したが，農林水産業での賃金の低さが目立つ。以上のように，月額基本賃金の水準やインフォーマル従事者の多さは，前項で紹介した，貧困世帯が農林水産業従事者のほかにも卸売・小売業や運輸産業で多

---

17) PSA Labor Force Surveyより。下位産業については未発表である。なお，2015年家計調査の報告では，被雇用者の18％を貧困世帯と推定しており，大半が不完全就業者であろうと推測している（http://psa.gov.ph/poverty-press-releases　2018年10月31日最終アクセス）。

18) 事業所統計では，事業会計と家計が分離された「フォーマル」事業者のみを調査対象にしている。なお，Habito (2017) は，事業所調査と労働力調査の従業者数の乖離からインフォーマル・セクターの規模を推定し，国民所得統計の推計に反映していることを，元フィリピン統計局長との議論にふれつつ紹介している。

19) 表1-2の（注）にも記述したが，あくまで目安として算出した。2008年に実施されたインフォーマル・セクター調査（PSA 2009）も，類似の結果を示している。約1045万人と推計されたインフォーマル従事者のうち，産業別では農林水産業が48％，卸売・小売業が30％，運輸・倉庫・通信業が10％と推定されている。その後の調査は実施されていない。

第1章 経済概観

表1-2 月額基本賃金と就業者数

	2016年			2015年
	月額基本賃金（ペソ）	就業者		「インフォーマル」従事者の推計値
		(1000人)	(%)	(1000人)
全産業	12,013	40,998	100.0	30,961
農林水産業	7,927	11,064	27.0	11,131
鉱業	10,980	219	0.5	203
製造業	10,239	3,404	8.3	1,915
電力・水道・ガス事業	16,939	159	0.4	54
建設業	11,612	3,378	8.2	2,397
サービス業	12,938	22,775	55.6	15,260
卸売・小売業；自動車・二輪車修理業	11,396	8,039	19.6	6,365
運輸・倉庫業	12,665	3,038	7.4	2,600
宿泊・飲食業	10,339	1,777	4.3	1,383
情報通信業	21,399	366	0.9	232
金融・保険業	16,820	514	1.3	160
不動産業	15,892	193	0.5	110
専門，科学技術サービス業	19,576	213	0.5	54
管理・支援サービス業	13,210	1,371	3.3	186
教育	13,967	1,304	3.2	909
保健衛生および社会事業	11,434	502	1.2	325
芸術，娯楽，レクリエーション業	11,434	361	0.9	281
その他のサービス業	12,173	5,097	12.4	2,655

(出所) PSA Compilation of Industry Statistics on Labor and Employment (2017a), PSA Labor Force Survey (2015), PSA ASPBI (2015)より筆者算出・作成。
(注) 月額基本賃金（中央値）の調査は事業所単位，フルタイム勤務者が対象で，社会保険料や税金等が差し引かれる前の金額。「インフォーマル」従事者は，労働統計の就業者数と事業所統計の従業者数の差を算出したもので，あくまで目安である。なお，2016年の全産業就業者は行政部門を含む（表1-2には掲載していない）が，2015年「インフォーマル」従事者の全産業は行政部門を含まない。

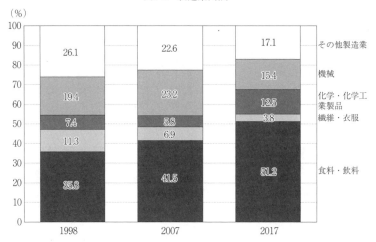

図1-5 製造業内訳

(出所) 図1-1と同じ。
(注) 機械には一般機械，業務用機械・電子部品，電気機械，情報通信機械，輸送用機械を含む。

く確認されたという推計結果 (Balisacan 2009) の裏づけにもなり得るだろう。

6．産業構造

　フィリピンの産業構造の特徴は，工業化の進展が長続きせず，サービス業が年月とともに拡大してきたことにある (Daway and Fabella 2015)。各部門のGDP比率を確認すると，独立した1946年に33％であった農林水産業のGDP比率は，2016年に10％へと減少した[20]。その一方で，サービス業は40％から60％に増加し，このあいだ，工業部門[21]は29％から31％へとわずかに拡大したにすぎない。工業部門は1970年代から1980年代初めにかけての「工業化」(福島 1990) により，ピーク時の1981年にはGDP比率

---

20) PSA National Accounts of the Philippines　以下同じ。
21) 鉱業，製造業，電気・水道・ガス，建設業を含む。

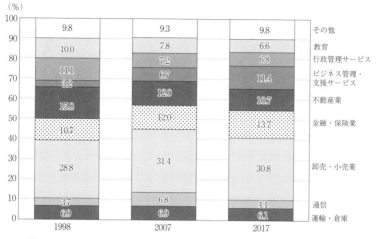

図1-6 サービス業内訳

(出所) 図1-1と同じ。

が43％になっていたが，その後は減少・停滞した。

　工業部門のうち，製造業のGDP比率は2016年に約20％である。フィリピンの同比率は1960年代から1980年代半ばまで約25％前後を推移し，ほかの東南アジア諸国よりも高かったが，その後は停滞して現在に至っている[22]。製造業の内訳（図1-5）を確認すると，食料品産業（飲料含む）が約半分を占め，業種の多様化がほとんど進んでいないことがわかる。この20年間に比率を伸ばした業種は，食料品以外では化学・化学工業製品と輸送用機械[23]のみで，フィリピンの製造業は食料品産業が中心であるといっても過言ではない。この食料品産業については，第3章でとりあげる。

　拡大一途のサービス業の内訳を示したものが図1-6である[24]。割合が

---

22) 2016年時点ではマレーシア，タイ，インドネシアよりも低い。
23) 2009年フィリピン標準産業分類による3桁レベルの業種。化学・化学工業製品は1998年の7.4％から2016年の12.5％に拡大し，輸送用機械は同1.5％から同1.7％に若干拡大した。
24) 産業分類の区分とその名称は，必ずしも事業所調査等と合致していない。統計の継続性などを考慮して，PSAが便宜的に設定しているものと考えられる。

33

大きい順に，卸売・小売業，金融・保険業，ビジネス管理・支援サービス，不動産業となる。そのうち卸売・小売業，金融・保険業，不動産業は，内需拡大とともに拡大してきた産業である。その一方で，IT-BPO産業などを含むビジネス管理・支援サービスは2000年代以降，外需によって急拡大した。このビジネス管理・支援サービスと金融・保険業や不動産業は，いずれも都市型でかつ高学歴な人材を多く採用する産業である。フルタイム勤務の月額基本賃金を比較した表1-2でも確認できるように，これら産業における被雇用者の賃金水準は総じて高い。

そして，図1-7は各産業の地域分布を示したものである。農林水産業は，フィリピン中部および南部のビサヤやミンダナオの割合が高いことが確認できる。製造業は，外資系企業が進出する経済特区などが複数点在するカラバルソン地方をはじめ，中部ルソン地方や首都圏の割合が高く，この近隣3地域で70%を超える。そしてサービス業は，首都圏に集中している。このように，製造業やサービス業では地域的な偏在が観察される。

最後に，表1-3はPSAの事業所調査をもとに，各産業の利益率を算出

図1-7 2017年 各産業の地域分布

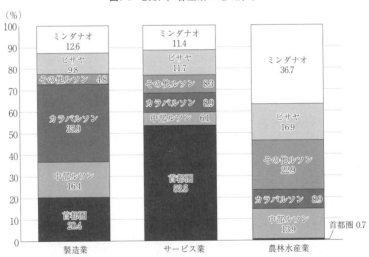

（出所）PSA Gross Regional Domestic Products（2017）より筆者作成。

したものである。同一の調査枠組みと産業分類を適用している2010年以降の平均値をとった。表1-3を前出の表1-2とあわせてみると、改めて各産業の特徴が大まかに浮かび上がる。すなわち、(1)農林水産業は従業者が多いが、全産業のなかで利益率や賃金水準が最も低く、(2)製造業の利益率は全産業平均よりも低く、他産業・業種と比べても必ずしも高くないこと、他方で、(3)サービス業も従業者が多く、利益率や賃金水準は業種

表1-3　各産業の売上高利益率と投資利益率（2010〜2015年平均）

	売上高利益率	投資利益率
全産業	17.6	5.6
農林水産業	1.9	0.4
鉱業	35.0	2.0
製造業	12.9	4.9
電力・水道・ガス事業	24.2	7.7
建設業	11.7	5.4
サービス業	17.2	6.1
卸売・小売業；自動車・二輪車修理業	4.6	7.1
運輸・倉庫業	10.7	1.5
宿泊・飲食業	13.4	3.3
情報通信業	21.8	1.6
金融・保険業	33.3	19.3
不動産業	30.4	6.5
専門、科学技術サービス業	16.1	8.7
管理・支援サービス業	12.7	5.8
教育	15.4	1.9
保健衛生および社会事業	13.5	1.8
芸術、娯楽、レクリエーション業	22.3	6.9
その他のサービス業	12.4	9.2

（出所）　PSA ASPBI（2010; 2013; 2014; 2015）およびPSA CPBI（2012）より筆者算出・作成。

（注）　公表されている直近の統計は2015年。売上高利益率は（総収入−総費用）／総収入×100、投資利益率は（総収入−総費用）／総固定資産増。「全産業」「電力・水道・ガス事業」「サービス業」の各比率は、複数ある下位業種の平均値。

によって差異が大きいことなどである。これらの点から，本書でとりあげる産業の特性をまとめると，次のようになるだろう。第3章でとりあげる食料品産業は，製造業のなかでは最も規模が大きく，地方にも広く展開しかつ農水産業とも密接に関連している産業であるが，後述するようにインフォーマル従事者が製造業のなかで最も多いと推定され，正確な実態把握が困難な産業でもある。卸売・小売業（第4章参照）は，サービス業に占める割合が大きく，従業者も多い。売上高利益率は低いものの投資利益率が高めで，内需・消費拡大主導型経済のフィリピンにおいて効率よく収益を上げている産業だといえよう。ただし，賃金水準がサービス業のなかでも低い傾向にあり，従業者の所得水準の向上に対する寄与は大きくない。この卸売・小売業と関連の深い運輸・倉庫業（同じく第4章参照）も従業者が多く，利益率は他産業に比べて低めのようだが，他方で業種による差が大きいと考えられる。そして，両産業ともインフォーマル従事者が多いと推定され，先に挙げた食料品産業とともに低所得層の生計を担う産業のようである。すなわち，第3章の食料品産業と第4章の卸売・小売業と運輸・倉庫業は，フィリピン経済における役割がそれなりに大きく，包摂性の可能性を十分備えながら，課題も抱えている産業であろう。他方，金融・保険業（銀行部門については第5章参照）や，**表1-3**の専門・科学技術サービス業とビジネス管理・支援サービス業にまたがるIT-BPO産業（第6章参照）は，賃金水準および投資利益率の両方において高めであり，高学歴者が集中する都市部で拡大している。両産業ともフィリピン経済への寄与は大きくなっているが，地域間格差や所得格差の縮小への貢献は限定的であるようにも見受けられる。以上のような産業の特性は，近年のフィリピン経済を特徴づけていると同時に，今後の課題を考えるうえでの材料にもなるだろう。

7．おわりに

フィリピンは足元の経済こそ好調だが，1980年代から1990年代にかけて

の経済成長は緩慢であった。経済活動は，首都圏とその近隣地域や一部の地方都市に集中する傾向が強く，地域間格差が存在する。貧困と所得格差の問題はより深刻で，フィリピンの歴代政権は貧困問題に取り組むことを開発計画の中心に据えてきたが，他の東南アジア諸国と比較しても，これまで大きな成果を上げられていない。国家経済開発庁（NEDA）は2040年までの長期ビジョン（AmBisyon Natin 2040）のなかで貧困者のいない国をめざしており，そのためには経済成長の恩恵が彼らにも及ぶよう，さまざまな格差の解消を実現できるより包摂的な成長を実現するとしている（NEDA 2017）。また，2016年に発足したロドリゴ・ドゥテルテ政権は，任期が終了する2022年までには貧困率を13～15％に引き下げるという目標を掲げている。貧困削減には，フィリピン特有の政治や行政システムなども考慮しつつ，多方面からのさまざまな取り組みが必要である（太田 2018; Canlas, Khan and Zhuang 2009）。本章では，貧困世帯がミンダナオやビサヤに多く存在し，とくに農林水産業従事者に多いこと，そして雇用創出の不十分さが貧困者や低所得者の多さの一因にあることなどを確認してきた。雇用創出には投資の拡大が必要であるが，この点においてフィリピンの状況は評価されているとはいえない。実務的な観点からは，インフラ整備の不十分さをはじめ，一部の産業に残る出資規制，汚職や治安問題などのビジネス環境の悪さが投資の阻害要因であると繰り返し指摘されている（World Bank 2013; AmCham 2010; TAPP and AmCham 2017）。他方，産業構造の観点からは，サービス業に傾斜している構造が他産業への投資の低迷をもたらしているという指摘もある（Daway and Fabella 2015; Usui 2012）。

　そもそもフィリピンではなぜ包摂的な成長を実現していないのか，実現するための課題は何か，後章では経済構造の特徴を考慮し，いくつかの代表的な産業に焦点を当てて，実態の確認と再考を試みる。

〔参考文献〕

（各URLの最終アクセス日：2018年10月31日）

〈日本語文献〉

太田和宏 2018.『貧困の社会構造分析——なぜフィリピンは貧困を克服できないのか』法律文化社.
末廣昭・大泉啓一郎編 2017.『東アジアの社会大変動』名古屋大学出版会.
鈴木有理佳 2017.「家計調査にみるフィリピンの世帯」柏原千英編『フィリピン経済・産業の再生と課題』調査研究報告書. 日本貿易振興機構アジア経済研究所.
福島光丘編 1990.『フィリピンの工業化——再建への模索』アジア経済研究所.

〈外国語文献〉

AmCham（The American Chamber of Commerce of the Philippines, Inc.）2010. *Arangkada Philippines 2010: A Business Perspective*, Makati City: AmCham.
Balisacan, Arsenio M. 2009. "Poverty Reduction: Trends, Determinants, and Policies," In *Diagnosing the Philippine Economy: Toward Inclusive Growth*, edited by Dante Canlas, Muhammad Ehsan Khan, and Juzhong Zhuang, London: Anthem Press and Asian Development Bank.
Balisacan, Arsenio M. and Hal Hill eds. 2003. *The Philippine Economy*, Quezon City: Ateneo de Manila University Press.
―――― 2007. *The Dynamics of Regional Development: The Philippines in East Asia*, Quezon City: Ateneo de Manila University Press.
Canlas, Dante, Muhammad Ehsan Khan and Juzhong Zhuang eds. 2009. *Diagnosing the Philippine Economy: Toward Inclusive Growth*, London: Anthem Press and Asian Development Bank.
Daway-Ducanes, Sarah Lynne and Raul V. Fabella 2015. "Development Progeria: The Role of Institutions and the Exchange Rate," *Philippine Review of Economics* 52 (2): 84-99.
Habito, Cielito F. 2017. "The great underground," *Philippine Daily Inquirer* November 7 (http://opinion.inquirer.net/108507/the-great-underground).
NEDA（National Economic and Development Authority）2017. *Philippine Development Plan 2017-2022*, Pasig City: NEDA.
PSA（Philippine Statistics Authority）2009. "Informal Sector Operators Counted at 10.5 Million（Results from the 2008 Informal Sector Survey），" Quezon City: PSA (https://psa.gov.ph/content/informal-sector-operators-counted-105-million-results-2008-informal-sector-survey).
―――― 2015. *Full Year Poverty Statistics*. Quezon City: PSA (http://psa.gov.ph/poverty-press-releases/data).

────── 2017a. *Compilation of Industry Statistics on Labor and Employment*, Quezon City: PSA.

────── 2017b. "Farmers, Fishermen and Children Consistently Posted the Highest Poverty Incidence among Basic Sectors," Quezon City: PSA (https://psa.gov.ph/poverty-press-releases/nid/120251).

────── various issues. *ASPBI (Annual Survey of Philippine Business and Industry)*, Quezon City: PSA.

────── various issues. *CPBI (Census of Philippine Business and Industry)*, Quezon City: PSA.

────── various issues. *Family Income and Expenditure Survey*, Quezon City: PSA.

────── various issues. *Gross Regional Domestic Products*, Quezon City: PSA.

────── various issues. *Labor Force Survey*, Quezon City: PSA.

────── various issues. *National Accounts of the Philippines*, Quezon City: PSA.

────── various issues. *Philippine Statistical Yearbook*, Quezon City: PSA.

────── various issues. *Survey on Overseas Filipinos*, Quezon City: PSA.

Son, Hyun H. and Jane Carangal-San Jose 2009. "Equity and the Social Sector," In *Diagnosing the Philippine Economy: Toward Inclusive Growth*, edited by Dante Canlas, Muhammad Ehsan Khan, and Juzhong Zhuang, London: Anthem Press and Mandaluyong City: Asian Development Bank.

TAPP (The Arangkada Philippines Project) and AmCham 2017. *Arangkada Philippines: Implementing the 10-point Agenda*, Makati City: TAPP and AmCham.

Usui, Norio 2012. "Taking the Right Road to Inclusive Growth: Industrial Upgrading and Diversification in the Philippines," Mandaluyong City: Asian Development Bank (https://www.adb.org/sites/default/files/publication/29722/taking-right-road-inclusive-growth.pdf).

World Bank 2013. *Philippine Development Report: Creating More and Better Jobs*, Report No. ACS5842, World Bank Philippine Office (https://openknowledge.worldbank.org/handle/10986/16716).

────── 2018. *Philippines Economic Update, April 2018: Investing in the Future*, Washington DC; World Bank (https://openknowledge.worldbank.org/handle/10986/29725).

〈データベース〉

IHS Markit, Global Trade Atlas：https://www.gtis.com/English/GTIS.html

World Bank, World Development Indicators DataBank：https://databank.worldbank.org/data/source/world-development-indicators

〈ウェブサイト〉

POEA (Philippine Overseas Employment Administration)［フィリピン海外雇用庁］：

http://www.poea.gov.ph
PSA（Philippine Statistics Authority）［フィリピン統計庁］：https://www.psa.gov.ph

第2章
21世紀フィリピン政治経済の変化と継続
―― 連合政治に基づく一考察 ――

高木　佑輔

1. はじめに

　フィリピン経済を論じるとき，政治はしばしばその障害としてのみ議論されてきた。そうした研究は，政治家や，政治家を利用する企業家によるレントシーキングや汚職の問題を強調してきた（Balisacan and Hill 2003）。その背景には，1965年から1986年まで大統領職にあり，1972年以降は権威主義的な支配を敷いたフェルディナンド・マルコス大統領の記憶がある。マルコス政権崩壊後に発足したコラソン・アキノ政権は，政治基盤の安定化に苦慮し，7度のクーデタ未遂に直面した。1980年代後半，近隣の東南アジア諸国が，おもに日本からの海外直接投資（FDI）を受け入れることで経済成長を加速化させた一方，フィリピンは政情不安などからFDIの受入れに出遅れ，「アジアの病人」とまで呼ばれた。また，民主化後の憲法において，大統領任期が再任なしの一期6年と定められたことにより，政策の継続性に対する懸念が絶えない。とくに，一連の経済改革を断行したフィデル・ラモス政権の後，ポピュリストと呼ばれるジョセフ・エストラーダ政権が誕生し，さらには任期途中の政変によって政権崩壊に追い込まれたことなどから，政治は，経済成長の足かせになっているという見方が強調されることになった。

　しかしながら，第1章にあるとおり，マクロ経済指標をみれば，2000年

代に入ってフィリピンが継続的な成長軌道に乗ったことは疑いえない。経済に対する評価が変わるなか，政治に対する見方には変化がみられないのだろうか。

　民主化以降の政治に対する見方には，以下の2つの点で変化がみられる。第1に，市民社会組織に対する理解が飛躍的に深まった。まず，マルコス政権末期に台頭した大義志向グループと呼ばれるような，共産党や左派運動とのかかわりのない市民社会組織や中間層の役割を重視する研究が現れた。また，左派運動についての研究では，1993年以降に共産党が分裂したことが注目に値する。分裂により，反政府武装闘争路線の継続を掲げるグループの影響力が後退し，社会民主主義的な理念を掲げ，選挙政治に参加するグループの影響力が拡大した（Quimpo 2008）。また，市民社会研究の深化の結果，市民社会という概念の限界を批判する研究も展開された（日下 2013）。ただし，市民社会に関する研究ではあるべき理念に基づく議論が展開される一方，現実の政策過程についての分析は十分ではない。

　第2に，政治腐敗や政治的暴力にとどまらない政治の多様な側面についての関心が高まってきた。たとえば，1990年代の自由化を中心とした経済改革について，経済政策の司令塔となったテクノクラシーをめぐる統治制度の特徴に注目する研究がある（Raquiza 2012）。また，そもそも政治にまつわる問題点ばかりを分析する見方を批判し，マルコス政権以前にはアジア有数の経済成長と政治的安定を実現したフィリピン政治を再考する議論も発表された（Takagi 2016）。これらの研究が示すのは，レントシーキングだけではとらえきれない改革の政治のダイナミズムである。それでは，本書が考察の対象とするグロリア・マカパガル・アロヨ政権以降の時期については，どのように改革の政治を理解すればよいのだろうか。

　大統領や政党に注目する分析視角では，この問いに十分にこたえることはできない。そもそも，大統領制のもとでは大統領個人を中心に政治が動く側面が強い。また，多くの研究者はフィリピンの官僚制について，政治に対する従属性を強調しており，官僚が国家運営を担うということも期待しにくい。そのため，観察者の関心は大統領個人に集中するきらいがあり，政策過程が十分に吟味されることは少ない。

他方，政党システムが安定的であれば，与党内の有力者による政治指導も期待できるものの，1986年の民主化以降，フィリピンの政党政治は極めて流動的である。政党政治の流動性は，とくに下院において顕著であり，大統領選挙の結果が判明すると，ほとんどの議員が大統領の党へと党籍変更を行う「バンドワゴン」現象がみられる（Kasuya 2008）。政党政治の流動性の高さを考えると，フィリピン政治全体の非連続性と不確実性を強調することになる。このように，いずれの視角を採用したとしても，改革の政治をうまく理解することは難しい。

本章では，Abinales（2005）で用いられた「連合政治」（coalition politics）という視角に依拠してフィリピン政治の変化と継続を考察していく。連合政治は，政治勢力の連合を重視する分析視角であり，大統領個人に注目する見方と，政党に注目する見方とのあいだに位置づけられる。連合は，議会政治家のみならず，官僚，学者などの専門家，政治に関心をもつ実業家や社会運動家からなる。連合参加者は，大統領を中心とする政治権力を利用しつつ，それぞれの重視する政治信条や目標の実現に努めようとする。たとえば，ラモス政権（1992～1998年）では，大統領をはじめ元軍人が多く，国軍人材が政権運営の中枢にいたとされる（Almonte 2015; 山根 2014）。また，アロヨ政権（2001～2010年），とくにその発足当初の経済閣僚には民間からの登用が多く，経済自由化を志向するテクノクラートが重用されていたことなどが指摘される（Tadem 2005）。

フィリピンにおける連合政治は，1986年の民主化に至る政治過程で重要な役割を果たした政治勢力の合従連衡，その結果として作られた政治制度の産物であるといえる。1987年憲法は，マルコス大統領による独裁を批判する観点から，議会や司法府の役割を尊重し，権力分立を志向している。そのひとつの表れが，大統領の再選を認めない選挙規定である。さらに，同憲法および1991年地方自治法は中央政府の権限を弱めた一方，市民社会組織を重要な政治勢力として公式に位置づけた（川中 2001）。ピープルパワーと呼ばれる民衆動員を伴う政変は，政治過程に多様な政治勢力を巻き込む政治制度を生み出すことになったといえる。

本章では，アロヨ政権以降の3政権の主要な政策を事例としつつ，連合

政治の観点からフィリピン政治を考察する。以下の本論は5節と「おわりに」からなる。第2節では，民主化が生み出した大統領連合を「ピープルパワー連合」ととらえ，それぞれの勢力の特徴を整理する。1986年の民主化は，その最終盤で多くの人々が首都マニラの幹線道路（エドサ大通り）に結集したことから，「ピープルパワー（人々の力）革命」と呼ばれる[1]。本節では，ピープルパワーを一枚岩としてとらえると見落としてしまう，さまざまな利害関係や政策理念をもった政治勢力の存在を抽出する。

第3節では，2001年に発足したアロヨ政権とベニグノ・アキノ政権の連合政治について考察する。アロヨ政権（2001～2010年）以降のフィリピンを考えると，マクロ経済運営面での継続性が顕著に浮かび上がる。金融政策については2002年のインフレーション・ターゲッティングの導入，2004年以降の一連の財政再建策が注目に値する。続くアキノ政権（2010～2016年）では，社会政策が拡充した。他方，外交政策については，中国や米国という大国との関係で大きな変化がみてとれる。第4節では，アロヨ，アキノ両政権期の連合政治の展開について整理する。第5節では，こうした考察をふまえ，ロドリゴ・ドゥテルテ政権下のフィリピン政治と外交について考えてみたい。最後に，以上の考察を整理して本章を終える。

2．民主化とピープルパワー連合

1986年に誕生したコラソン・アキノ政権は，その発足当初に「虹の連合」といわれたように，異なる利害関係と政策理念をもった政治勢力からなる連合体であった。同時代の観察者の多くは，そうした連合内部の多様性からなる政権の不安定性に注目した。しかし，民主化から30余年間の政治過程を考察すると，アキノ政権を支えた連合は，その後のフィリピン政治を支える勢力や政策集団を生み出す孵卵器の役割を果たしたともいえる。以下では，おもな政治勢力の特徴を考えるために，1986年の民主化へ

1） 通りの名をとって「エドサ革命」とも呼ばれる。

と至る政治過程を再構成する。

　ピープルパワー連合の結成に至る流れを考えるうえで，1970年代末に顕在化したマルコス政権内部の権力闘争を，連合政治の枠組みでとらえなおすことが重要になる。1978年，戒厳令施行後初めての国政選挙が実施された。選挙の結果は大方の予想どおりにマルコス派の大勝であった。しかし，この過程でベニグノ・アキノ元上院議員による政党Labanが組織され，ドイ・ラウレルなどの伝統的政治家の一部が復権し，政党連合であるUNIDOを中心とする野党勢力が台頭する流れを生み出した（Thompson 1996）。

　ただし，国政選挙後の変化としてより重要だったのは，腎臓病に苦しむマルコス大統領に代わり，イメルダ・マルコス大統領夫人の政治的発言力が増したこと，その結果，マルコス政権を支えていた大統領連合が分裂したことである。まず，マルコス大統領の後継をめぐってイメルダ夫人と争っていたフアン・ポンセ・エンリレ国防大臣は，イメルダの台頭に危機感を強め，国軍内部に彼個人に忠誠を誓うグループを結成するように動いた。さらに，1981年，イメルダと関係の深いファビアン・ヴェールが国軍参謀総長に任命されると，国家警察軍長官兼国軍参謀副総長ラモスをはじめとする国軍主流派は不満をため込むようになった（McCoy 1999）。

　さらに，一部の経済専門家や財界人がマルコス政権を離反，政権を公に批判するようになった。積極財政を好むイメルダの影響力が拡大した結果，拡張主義的な財政運営に批判的なセサール・ヴィラータ財務大臣（のちに首相）やその盟友であるゲラルド・シカット経済開発庁長官の立場が厳しくなり，後者は1981年に政権を去った（Sicat 2014, Chapter 12）。また，1979年，米国でインフレ・ファイターの異名をとるポール・ヴォルカーが米国連邦準備制度理事会議長に就任，彼のインフレ対策は国際的な金利の高騰をもたらし，債務繰り延べに失敗したフィリピン企業の多くが経営危機に陥った（Sicat 2014, Chapter 13）。この経営危機に際し，フィリピン政府は債務整理ではなく，政府による救済策を実施し，モラル・ハザードを引き起こした。1981年，実業家のハイメ・オンピンは『ウォール・ストリート・ジャーナル（アジア版）』の投稿を契機にマルコス政権

批判の口火を切った（Hau 2017, Chapter 5）。オンピンは，ワシントン・シシップやアヤラ・デ・ゾベルらの有力財界人とともにマカティ・ビジネス・クラブ（Makati Business Club: MBC）を創設し，マルコス政権による経済活動への介入を批判するようになった。

　1983年8月，米国からの帰国直後にアキノ元上院議員が暗殺された。アキノ元上院議員のような要人が衆人環視の場で暗殺されたことは，マルコス政権の残虐性を改めて知らしめることとなった。この事件をきっかけに，後に「第三勢力」と呼ばれる勢力が政治の舞台に登場した（Nemenzo 1988）。第三勢力は，大義志向グループとも呼ばれ，それ以前に反マルコス運動の主要勢力であった共産党系とは一線を画し，武装革命路線とは異なる方法によるマルコス政権打倒をめざして市民社会組織を結成するようになった。

　1986年2月，エンリレ国防大臣らのクーデタ計画が事前に露見，エンリレ大臣は首都圏エドサ大通り沿いにあるフィリピン軍基地「キャンプ・クラーメ」に立てこもった。その後，ラモス参謀総長代理[2]もエンリレに加勢すると，国軍の大半が政権を離反した。そうしたなか，カトリック教会の政治団体であるフィリピンカトリック司教協議会（Catholic Bishops' Conference of the Philippines: CBCP）が自らのラジオ設備を活用して民衆をエドサ大通りに動員し，ピープルパワー革命を成就させた。その後，エンリレ大臣の政治的野心を懸念したコラソン・アキノは，エンリレら軍関係者の立てこもったキャンプ・クラーメでも，マルコス大統領のマラカニャン宮殿でもなく，フィリピン政財界の社交場であるクラブ・フィリピーノで大統領に就任した。

　超法規的に成立したアキノ政権は，政治的にも制度的にもマルコス政権からの離反をめざした。まず，政治面での脱マルコス化として，マルコス政権の地方政治支配を支えた地方首長の入れ替えを行った。アキノ大統領の側近となったアキリノ・ピメンテル地方自治大臣のもと，州知事の

2）　当時，ヴェール参謀総長は，アキノ元上院議員暗殺への関与が疑われて休職扱いとなっており，ラモスが参謀総長代理の立場にあった。

76.3％，市長の66.7％，町長の42.7％が失職した（浅野1992, 239）。ピメンテル自身は1987年の中間選挙を機に上院議員に転じ，革新的な地方自治法の制定を主導し，地方分権の制度化を進めた。なお，後に大統領となるドゥテルテは，この時期に初めてダバオ市長に任命された。

　アキノ政権における制度面での最大の遺産は，1987年憲法の制定である。同憲法の特徴として，市民社会組織との積極的な協力関係が明記されていることが挙げられる（川中 2001）。同憲法第2条「原則と国家政策の宣言」第23項で，「国家は，国の福祉を増進する非政府組織，コミュニティ組織や職域組織を振興する」と規定し，第10条「地方自治」と第13条「社会正義と人権」などにおいても，市民社会組織と政府との協力関係を振興する規定がある[3]。また，上記の地方自治法においては，より積極的に非政府組織の役割を規定するなど，非政府組織はフィリピン政治の重要な主体となった（川中 2001）。

　2001年にエストラーダ大統領を退陣に追い込んだ政変，いわゆるピープルパワーⅡにおいても，アキノ政権を支え，後継政権を率いたラモスの政党Lakas-NUCD，MBC，CBCP，国軍や市民社会組織などが結集し，アロヨ副大統領を大統領に昇格させた。アロヨ大統領は自身の就任演説で，「ピープルパワーと［人々の］意思と構想の唯一性（oneness）が新しい始まりを可能にした」と発言した（Macapagal-Arroyo 2004, 305）。アロヨ大統領が唯一性を強調したのは，前エストラーダ大統領を支持する人々が，ピープルパワーⅢの名のもとに結集していたことが背景にある。アロヨ政権もまた，さまざまな政治勢力が合従連衡を繰り返す連合政治のなかで発足した。

　図2-1は，ピープルパワー連合とアロヨ政権以降の3政権の連合政治の展開を示している。なお，後述するように，2004年の選挙不正疑惑にまつわる政変のあった2005年以降に連合が変質したと考え，アロヨ政権については2005年を境に第1次と第2次に分けて示した。この図2-1に示す

---

3) 憲法本文については，フィリピン共和国官報ウェブサイトを参照（http://www.officialgazette.gov.ph/constitutions/1987-constitution　2018年12月18日最終アクセス）。

図2-1 連合政治の展開

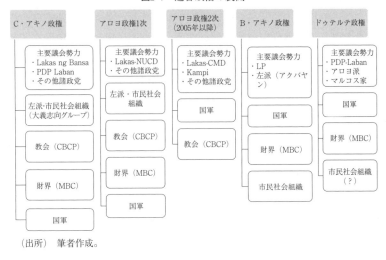

（出所）筆者作成。

ように，連合政治を考える際には，主要な議会勢力だけではなく，議会外の政治的行為者も含めて考えることが重要になる。次節では，アロヨ政権以降の内政と外交の変化と継続について，連合政治の具体的な展開を検討していく。

3．内政と外交上の主要政策における変化と継続

3-1 主要政策——財政再建と社会政策の拡充——

2001年に発足したアロヨ政権は，彼女自身が経済学者であり，貿易産業省（当時は貿易商業省）の次官であったことに加え，経済回復と財政再建を目標としていたことから，経済分野の実務家を閣僚に起用するテクノクラート内閣の色彩が強かった（Tadem 2005）。なかでも，ホセ・イシドロ・カマチョ財務大臣は，辞任時にペソ価値が下落したといわれるほどの影響力をもった（CNN International 2003）。2003年になると，カマチョ自身はクーデタ未遂などに揺れるアロヨ政権から去ったが，財政再建は財務

省を中心とする予算・税務関連官庁の主要課題であり続けた。経済運営の基礎となった政策として，インフレ・ターゲッティングの導入がある。2000年頃から準備が始まり，2002年に実施されたこの政策の結果，1988年から2001年までの13年間，通年のインフレ率の平均は9.4％だったのに対し，2001年から2016年までの平均は4.2％であった（Guinigundo 2017, 22）。2005年にアロヨ大統領により任命されたアマンド・テタンコ中央銀行総裁は，安定的なマクロ経済環境を実現し，2011年にはアキノ大統領により再任された[4]。

ただし，アロヨ政権の初期から，経済環境が安定していたわけではない。2004年8月，エマニュエル・デ・ジョス教授らフィリピン大学経済学部の主要研究者が共同研究を行い，その成果を『深化する危機』として公表した（De Dios et al. 2004）。デ・ジョス教授らは，財政危機の主因は政府による拡張的な予算ではなく，政府系企業の赤字の垂れ流しとそれに対する政府からの財政支援，そして税制の不備こそが二大要因であるとした。アロヨ大統領は同年の総選挙で再任されたが，2期目が始まった直後の8月に「財政危機」を宣言し，税制改革に本格的に取り組むことになった（知花・鈴木 2005）。

財政再建を最重要政策としたアロヨ政権は，1997年内国歳入法について一連の改定を断行した（谷村 2012, 3）。まず，2004年12月には共和国法9334号「酒・たばこに対する物品税増税についての法律」を成立させ，酒・たばこへの課税率を引き上げた。さらに，2005年5月に成立した共和国法9337号により，2006年2月から付加価値税率を10％から12％に引き上げ，石油，電力等の財とサービスについての課税対象を拡大した。税制改革に加え，共和国法9335号を通じて，徴税機関である内国歳入庁と関税局について，インセンティブ付与と懲罰システムの導入という賞罰制度を導入した。これらの改革の結果，中央政府の財政赤字の対GDP比は2004年の3.7％から2007年の0.2％へと減少，税収の対GDP比についても，2004年

4） インフレ・ターゲッティングは中央銀行法を改正して，「中央銀行の目的」として明文化された。テタンコ総裁が再任されたことは，目的を遂行する能力が評価されたことを意味する。

の12.4％から2008年には14.1％に増加した。さらに，財政の改善は国債の利回りにも影響し，償還期限5年のペソ建て国債をみると，2001年に14.9％だったものが，2007年には6.5％に低下した（谷村 2012, 3）。

　金融の安定や財政危機に取り組んだアロヨ政権であったが，そのほか，とくに分野別の経済政策面では大きな成果を残すことができなかった。2003年末，零細・中小企業対策の強化を試みたが，産業界とのすり合わせが不十分であり，反発を招く結果となった（川中・鈴木 2004, 308）。2004年の総選挙にまつわる醜聞が露呈して以降，政権と上院の衝突が決定的になると，上院は選挙不正のみならず，農業分野への補助金支給など経済政策をめぐる疑惑の解明にも関心を示すようになった。この頃から，経済政策はその成果云々ではなく，実施面での合法性が議論されるようになった（鈴木 2006, 318）。

　ただし，第1章でみたように，アロヨ政権期の経済実績自体が悪かった

図2-2　政権の満足度の推移，1987～2018年

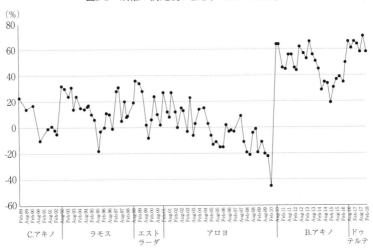

（出所）　SWSウェブサイト（https://www.sws.org.ph/swsmain/artcldisppage/?artcsyscode=ART-20180510224642　2018年5月21日アクセス）より筆者作成。
（注）　作図時に公表されていたデータの期間は，1989年2月～2018年2月。これ以降は，SWSウェブサイトでの公表なし（2019年1月2日最終アクセス）。

わけではない。むしろ，経済的には順調だったにもかかわらず，政権の汚職疑惑の結果，支持率が伸び悩んだのがアロヨ政権期の特徴であったといえる。実際，図2-2にみるように，続発する汚職疑惑の結果，アロヨ政権に対する満足度は民主化以降の政権で最低となった。

　2010年に発足したアキノ政権は，汚職撲滅と社会政策改革に集中した。表2-1にみられるように，政権が公表した記念碑的立法10本のうち，実に6本が社会保障関連である。たとえば，悪行税改革は税制改革であるが，たばこ・酒に対する増税分を国民健康保険の運営に充当する社会政策の側面もある。国内に酒造メーカーやたばこ産業をもつフィリピンにおいて，こうした改革は難しく，アロヨ政権での改革は道半ばであった。アキノ政権は，「経済改革行動」（Action for Economic Reforms: AER）などの市民社会組織と連携しながら改革を実現した（Sidel 2014）。

　また，性教育と避妊具へのアクセス強化を義務づけるべく2012年に成立した共和国法10354号（通称リプロダクティブ・ヘルス（Reproductive Health: RH）法）については，女性の産む権利を擁護する女性団体，人口増加を懸念する一部の経済学者や財界人が，カトリック教会の政治的立場を代表

表2-1　アキノ政権の記念碑的立法

1	改正悪行税（たばこと酒に対する物品税）（The Sin Tax Reform Act）
2	基礎教育強化法（The Enhanced Basic Education Act）
3	リプロダクティブヘルス法（The Responsible Parenthood and Reproductive Health Act）
4	反失踪法（The Anti-Enforced or Involuntary Disappearance Act）
5	人権侵害被害者救済法（The Human Rights Victims Reparation and Recognition Act）
6	拡大反人身取引法（The Expanded Anti-Trafficking in Persons Act）
7	家事労働者法（The Domestic Workers Act）
8	フィリピン軍近代化法（The AFP Modernization Act）
9	国民保険法（The National Health Insurance Act）
10	電力管理法（The National Electrification Administration Reform Act）

（出所）　フィリピン政府ポータルより筆者作成(https://www.gov.ph/aquino-administration/landmark-legislation　2015年5月11日最終アクセス)。

するCBCPの反対を乗り越えるべく支援した。法案審議においては，アロヨ前大統領の側近といわれながら同大統領の意向に反して同法案を支持したエドセル・ラグマン下院議員などが重要な役割を演じた（Dañguilan 2018）。

　さらにアキノ政権は，基礎教育分野においても，過去50年以上にわたり歴代政権が放置してきた教育期間の延長問題にメスを入れた。フィリピンでは，就学率を上げるなどの意図もあり，大学前の基礎教育期間が10年間に抑えられてきた。以前の政権において，教育の専門家は，基礎教育期間を国際標準の12年にすることを優先すべきか，教員や教室の不足など，すでにある教育システムの問題解決を優先すべきかに分かれて論争を繰り返してきた。たとえば，アロヨ政権が教育の専門家を集めた教育問題タスクフォースの最終報告書では，現在ある問題を解決することを提唱，政権もその方針に従った。

　これに対し，教育の経済的側面，人的資本への投資という側面を重視する人々は，基礎教育12年化に向け，非営利団体「教育のためのフィリピン企業」（Philippine Business for Education: PBEd）を組織して政策提言に取り組んだ。このPBEdの中心にいたのが，アロヨ政権期に教育大臣と教育省次官をそれぞれ務めたエディベルト・デ・ヘスースとミゲル・ルースであった。デ・ヘスースとルースは，フィリピンを代表する財界人シシップが初代理事長を務めたアジア経営学院（Asian Institute of Management）の同僚であり，それぞれ院長と研究科長を務めていた。また，MBCの設立メンバーの息子で，自身もMBC理事長を務めたラモン・デル・ロサリオもPBEdの活動を支援するなど，財界からの支援が手厚かったことも特筆に値する。また，本書第6章で論じられるビジネス・プロセス・アウトソーシング（IT-BPO）産業の業界団体であるIBPAP（IT & Business Process Association of the Philippines）も，同法案の成立を後押しした。アキノ政権発足後の2013年，改革は共和国法10533号として成立した（Takagi 2017, 36-39）。

　なお，アキノ政権がマクロ経済の安定を軽視していたわけではない。実際，アキノ政権期には，年平均成長率6％以上の経済実績を維持した。マ

クロ経済安定化の象徴的な出来事として，2011年にはIMFの対西欧諸国支援プログラムに資金提供するなど，名実ともにIMFの債務国から債権国に転換したことなどが挙げられる（Rappler 2012）。アキノ政権は一連の社会政策改革に着手し，エストラーダ政権期にみられたような階級対立の政治は後景に退いたといえる。それぞれの改革政策に反対派がいたことを考えれば，改革の政治は偶然の産物ではなく，政権を運営してきた政策当事者の判断の積み重ねであったといえるだろう。次節では，政策当事者の判断がより明示的になる分野として，外交についてとりあげる。

3-2 外交の展開と主要政策

　内政，とくにマクロ経済政策面では継続的発展の傾向がみてとれる一方，外交については大国間外交のはざまでフィリピンの国益を追求すべく旋回してきた。ただし，旋回の主導権はフィリピン政府が握っており，フィリピンの外交がつねに大国の意向に従ってきたわけではない。また，ドゥテルテ政権になって対中関係が緊密化したことを強調する議論もあるが，過去をさかのぼれば，フィリピン政府は何度も対米関係を冷却化するような決断をしてきた。本節では，2001年以降の外交指導を振り返りつつ，フィリピン政府の外交政策の展開を整理していく。

　2001年にアロヨ政権が発足した当初，前エストラーダ政権による反政府勢力に対する全面戦争方針のもと，ミンダナオ情勢が緊迫していた。また，2001年9月11日に米国で発生した同時多発テロ以降の「テロとの戦い」の流れのなかで，フィリピン政府は米国政府を強く支持する立場をとり，イラク戦争では，米国主導の有志連合に参加した。アロヨ政権がテロ対策で対米接近を図った背景には，モロイスラーム解放戦線との緊張関係の高まりに加え，1991年に結成されたイスラーム主義武装組織アブサヤフグループが攻勢を強めていたことがある。実際，2000年には，アブサヤフグループがマレーシア領のボルネオ海域で人質拉致事件を起こした。また，2004年2月にはマニラ湾のコレヒドール島沖で，フェリー爆破事件を起こし，63名が犠牲となった。この時期，アロヨ政権は，米国との2国間軍事演習をミンダナオ・スールー海域で繰り返し実施した。

ただし，2004年にイラクにおいてフィリピン人労働者が誘拐されると，米国の反対を押し切って，フィリピン部隊のイラクからの撤退を決めた。この決定の背景には，海外労働者からの送金にGNPの約1割を依存する経済構造がある。実際，海外労働者への対応が，政権全体を左右するほどの政治的影響力をもつこともある。1991年，シンガポールで発生したフィリピン人メイドによる殺人事件の裁判をめぐり，フィリピン世論は沸騰した。シンガポール当局による死刑に反発するフィリピン国内社会の圧力は，シンガポール政府に対するフィリピン政府の対応への不満となり，当時の外務大臣と海外雇用庁長官の2名を罷免する事態となった（Almonte 2015, Chapter 27）。

　アロヨ政権期の対米関係は緊密化から冷却化へと変化したが，日中両国との関係は継続的に発展した。まず，日比関係については，日比経済連携協定の締結に加え，ミンダナオの平和構築分野での協力関係が拡大した。まだ停戦合意に至る前の2006年段階で，日本政府はミンダナオ支援を強化し，草の根無償支援を含む支援パッケージを「再建と開発のための日本バンサモロイニシアティブ」（通称J-BIRD）として打ち出した（Embassy of Japan 2012）。ミンダナオ情勢の改善のため，フィリピン政府は，米国からは安全保障面での支援を，日本からは社会経済開発面での支援を引き出したといえる。

　他方，中国とのあいだでは，スプラトリー諸島のレクトバンクにおいて，ベトナムを含む3カ国による資源共同開発に取り組もうとした。この計画の発端は，アロヨ大統領が2001年の訪中でエドアルド・マニャラックというフィリピン人技術者に出会ったことにある（Vitug 2018, Chapter 8）。マニャラックは，中国に拠点をもつ米国の石油会社の社員であり，中国での石油採掘に従事していた。大統領はその才覚に期待し，エネルギー省次官に任命，レクトバンクでの石油開発計画を託した。当初は国際競争入札を予定していたが，中国との係争を懸念した欧米や日本企業が応札しなかったため，中国との共同開発の検討を経て，最終的にはベトナムを含む3カ国での共同開発計画ができあがった。しかし，当時の議会の野党勢力の一部は，開発計画が自国領土内での外国人による天然資源開発を

禁じるフィリピン憲法に抵触するとして，フィリピン政府を提訴した。2018年現在まで最高裁の判断は出ておらず，事業実施のめどは立っていない。

このような論争的な開発計画を推し進めたのが，アロヨ大統領本人と，当時の政治的盟友であったホセ・デヴェネシア下院議長であった（Vitug 2018, Chapter 8）。その後，アロヨ大統領とデヴェネシア下院議長は別の対中案件で利害が衝突し，たもとを分かつことになった。デヴェネシアの息子デヴェネシアⅢ世が，フィリピン政府機関をブロードバンドで結ぶ事業を受注しかけたところ，中国企業ZTE社が突如契約先となった。デヴェネシアⅢ世は，ZTE社からアロヨ家に賄賂が渡され，自分にもその誘いがあったが断ったと発言，アロヨ大統領は疑惑を否定したもののZTE社との事業は中止となった（桂 2013, 101）。醜聞もみ消しのための責任転嫁のなかで，アロヨ大統領とデヴェネシア下院議長との関係が悪化し，後者は下院議長職から追い落された。結果として，アロヨ政権期の対中接近は同政権の汚職・不正体質の象徴の一部となり，そもそも低かったアロヨ政権に対する満足度が一段と低下することになった（桂 2013）。

アキノ政権は，発足当初こそ外務大臣を前アロヨ政権から留任させるなど，緊密な対中関係を模索する姿勢を示した。しかしながら，2011年2月にアルバート・デル・ロサリオ[5]が外務大臣に就任すると，南シナ海に関して対中強硬姿勢をとるようになった。

デル・ロサリオ外務大臣の対中強硬路線の背景には，中国による度重なる領海内での漁業行為や，レクトバンクでの中国政府抜きの資源開発計画に対する洋上での妨害行為などがあった（Vitug 2018, Chapter 14）。デル・ロサリオは外務大臣就任以来，抗議をしても不法行為を繰り返す中国政府に対して不満を高めていた。度重なる中国船のフィリピン領海への侵入などの結果，外務省のみならず，防衛省およびフィリピン国軍，とくに海軍

5） デル・ロサリオは，長い企業経験の後にアロヨ政権で駐米大使を務めるなど，行政にも通じていた。アロヨ大統領が2006年に，クーデタ未遂や低迷する政権支持率などを背景に戒厳令の施行をほのめかした際，アルベリノ・クルス国防大臣らとともに辞職している（Vitug 2018, Chapter 14）。

は，中国に対する警戒感を強めていた。さらに，1995年の中国によるミスチーフ環礁の占領に大統領府法律顧問（当時）として対峙したアントニオ・カルピオ最高裁判事の存在も重要である（Vitug 2018, Chapter 13）。カルピオは，ラモス政権以降も南シナ海問題に関心をもち続け，古地図の収集や，啓発活動のためのNGOの運営，さらに国際法による解決のための政策提言を準備し続けていた。デル・ロサリオとカルピオを結びつけたのが上述のクルス元国防大臣であった。

　デル・ロサリオ大臣の外交指導のもと，アキノ政権は対米関係を緊密化する路線へと舵を切った（高木 2017b, 22）。対米関係緊密化の象徴が，2014年4月の防衛協力強化協定の締結である。この協定により，米軍によるフィリピン軍基地使用についての規定が明文化され，よりいっそう緊密な軍事演習の実施等が可能になり，この頃から，南シナ海で軍事演習が実施されるようになった。対米関係の緊密化の焦点のひとつは，海上安全保障分野での能力構築をめざすものであり，2015年4月，フィリピン沿岸警備隊本部に，国立沿岸監視センターが設置された。さらに，日本や豪州とも安全保障分野での協力が進み，両国との軍事演習が実施されるようになった。

　南シナ海をめぐる対中関係が緊張度を増した一方，アキノ政権は中国が主導するアジアインフラ投資銀行への参加も決めた。2国間の外交関係が緊張していた状況下での加盟は矛盾した決断にみえるが，その背景には，アキノ政権下でも中国からの対フィリピン貿易・投資が増加していたことが影響している。中国と香港との貿易の総計でみれば，輸出では2010年以降，輸入では2011年以降，日本を抜いて最大の貿易相手国となっていることがわかる（高木 2017b, 22-23）。さらに，投資に関しても増加傾向が続いている。中国のASEAN諸国への投資を比較すると，アロヨ政権期には全体の1.5％を，アキノ政権期には全体の2％を受け入れたという（Camba 2018）。中国とフィリピンの経済関係を研究しているカンバは，アキノ政権期に中国からの投資が増加した背景に，アキノ政権による統治機構改革や投資環境整備が，中国の民間投資を呼び込んだことがあると指摘している（Camba 2018）。比中関係は，外交・安全保障関係だけに還元されない

深みをもち始めたと考えられる。

4．連合政治の展開

　アロヨ政権は発足当初，ピープルパワー連合の再現に思われた。エストラーダ政権を追い込む過程で左派は政治活動を活発化させ，また，コラソン・アキノ，ラモス両元大統領に加え，CBCPを代表するシン枢機卿も反政府側について運動を指導した。最終的に，国軍がエストラーダ政権に対する支持を撤回するなか，同政権は崩壊した。

　しかし，相次ぐ汚職疑惑と支持率の低迷に苦しんだアロヨ政権は，しばしば閣僚の交代を行い，発足当時とは大幅に変質していった。実際，アロヨ政権期とアキノ政権期の財務省，外務省など主要閣僚20ポストの去就を比較すると，アキノ政権の安定性が顕著になる。第2次アロヨ政権期（2005～2010年）の6年間，20ポストに対し計88名が任命された。他方，アキノ政権の6年間では，同じ20ポストに任命されたのは計37名であった。低支持率や国軍によるクーデタ未遂に苦しんだアロヨ大統領は，閣僚ポストを論功行賞や政権の生き残りのための道具として使ったと考えられる。

　他方，経済政策や社会政策の担い手についてみると，アロヨ政権からアキノ政権への政権交代を超えた継続性を確認することができる。そうした事態のきっかけは，アロヨ政権下の選挙不正疑惑と，その後に生じた大量の閣僚辞任事件である。

　2005年，前年に行われた大統領選挙におけるアロヨ大統領の不正が問題になり，重要閣僚およそ10名が辞任する事態に至った。これらの閣僚の辞任会見が行われたのがハイヤット・ホテルであったことから，この際に辞任した政権幹部はハイヤット・テンと呼ばれるようになった。この動きに続き，当時上院議長であったフランクリン・ドリロンと，彼の率いる自由党（LP）が政権に対する支持を撤回した。さらに，MBCのなかからも大統領に対する辞任要求を公然と求める声が上がった。また，上述のデル・ロサリオ駐米大使（当時）やクルス国防長官も辞職した。

他方，ラモス元大統領やシン枢機卿率いるCBCPはアロヨに対する支持を表明し，政権にとっての危機を救った（鈴木 2006, 316）。教会の支持を頼りとするアロヨ大統領は，家族計画などの政策課題で教会寄りの立場を崩さず，アロヨ政権は任期満了まで続くことになった。

　アキノ政権が発足すると，ハイヤット・テンのメンバーの多くが重要閣僚として入閣したことから，同メンバーはアロヨ政権初期の改革を引き継ぐ政策担当者となった。

　アキノ政権期に活躍したハイヤット・テンはおよそ5名である。まず，副大統領選挙に立候補しつつ敗れ，1年間の公職任命停止期間後に運輸通信大臣，その後に内務自治大臣を歴任したマヌエル（マー）・ロハスがいる。ロハスは，アロヨ政権初期に貿易産業省大臣を務めた。本書第6章でとりあげるように，近年のフィリピン経済を考えるうえでIT-BPO産業の成長を無視することはできない。いわゆるコールセンター業務から，企業や病院のバックオフィス業務までを担うBPOのほとんどが米国等の外国からの投資に拠っている。ロハスは，都市部の不動産においても税制優遇を受けられる経済特区に認定できるように規制緩和を行ったとされ，2016年の大統領選挙期間中のキャッチフレーズのひとつは「IT-BPOビジネスの父」であった（Natividad 2015）。

　その他，アキノ政権に参加したハイヤット・テンのメンバーとして，予算管理大臣のブッチ・アバド，財務大臣のセサール・プリシマ，社会福祉開発大臣ディンキー・ソリマンや和平担当大統領補佐官テレシータ・ギン・デレスらがいる。また，ハイヤット・テンとは異なるものの，アロヨ政権以来の重要な政策担当者として，テタンコ中央銀行総裁を位置づけることもできるだろう。また，人事面での継続ではないが，キム・ヘナレス内国歳入庁長官は，アロヨ政権期に導入された内国歳入庁の構造改革路線を継承したといえるだろう。

　また，閣僚以外に政権の政策運営の方向性に影響を与えた勢力として，1986年の民主化の際に重要な役割を担ったMBCがある。MBC系の財界人は，政治家とのコネクションを利用して財を成そうとするクローニー（政商）とも，ビジネスのみに傾注する企業家とも異なる行動原理をもってい

る（Mikamo 2013）。フィリピンにおけるクローニーは，マルコス政権期に大統領個人とのコネクションを利用して台頭した新興勢力のことを指す場合が多く，代表的な例として，マルコス政権期にたばこ産業を中心に財を成したルシオ・タンや，ココナッツ産業を牛耳ったダンディン・コファンコらがいる。ビジネスに傾注し，億万長者として注目を浴びるような成功した企業家の例としては，大規模小売業SMの創業者ヘンリー・シーや不動産業JGサミットのジョン・ゴーコンウェイらが挙げられる。MBCに参加する企業家たちは，政権の腐敗を懸念し，ビジネス環境整備への関心をもとに政策立案の過程で実際に行動する点で，これらの企業家とは異なっている。

　MBCは，設立当初から政府による不健全な財政出動と，それがもたらすモラル・ハザードを懸念していた。2013年に出版された報告書『包摂的成長のための挑戦に立ち上がる』では，包摂的成長のために重要な政策として，教育機会の拡充とインフラ投資を指摘している（MBC 2013）。ただし，インフラ投資についても，単に積極財政を推奨しているわけではない。報告書では，公共事業高速道路省の予算が2年連続で節約できたことを称賛するなど，政府による積極財政を志向する財界のイメージとはかけ離れている。

　また，MBC設立メンバーのひとりであるシシップが設立した会計・監査法人SyCip Gorres Velayo & Co.（SGV）は，マルコス政権期に蔵相と首相を歴任したヴィラータをはじめとする，多くの実務家を政府に送り込む役割を担ってきた。テタンコ中央銀行総裁も，アテネオ・デ・マニラ大学卒業後はSGVに在籍していた時期がある。また，アロヨ政権期における，日比経済連携協定締結に向けた交渉開始時の貿易産業大臣で，その後財務大臣を務め，アキノ政権でも財務大臣に任命されたプリシマもまた，SGVに在籍し，MBCの理事を務めた経験がある。アロヨ政権とアキノ政権の両政権で財務大臣であったプリシマは，民主化以降の財務大臣としては最長の在任期間（のべ約6年半）を誇っている。

　アロヨ政権からアキノ政権への政権交代の結果，政権が重視する政策分野は，マクロ経済の安定のほか，社会政策の拡充が加わった。こうした政

策志向の変化と継続の背景には，政権交代によって復権したかつての政策当事者たちの存在が確認できる。

　それでは，ドゥテルテ政権の発足により何が変わり，何が変わらなかったのだろうか。以下，第5節ではドゥテルテ政権下の政策の継続と変化，そうした政策運営を支える連合について検討する。

5．ドゥテルテ政権における政策の継続と変化

　2016年7月，ドゥテルテ政権が発足した。選挙戦の経緯や政権の発足過程においては，アキノ政権期に積極的に政策提言を行った財界人や学界は中心とはならなかったが，ドゥテルテ政権が，コラソン・アキノ政権を支えたピープルパワー連合の一角を占めた政治家や国軍の支持を受けていたことがわかる（高木 2017a）[6]。治安向上を図るための強引な麻薬対策と，それに反対する政敵を強権的に追い詰める点や，中国政府との関係強化を図ろうとする点など，表面的には前アキノ政権とのちがいが目につきやすい。政権発足1年目の予算案においても，前政権とのちがいは如実に表れていた。図2-3のうち，2015年と2016年がアキノ政権，2017年がドゥテルテ政権の予算である。アキノ政権末期と比べると予算が拡大気味であることが指摘できる。アキノ政権が汚職摘発に集中して，抑制的な予算管理に終始したこととは対照的といえる。

　産業政策について興味深いのは，貿易産業省の人事である。アキノ政権では同省次官であり，日比貿易協定締結などに尽力したグレゴリー・ドミ

---

[6]　2016年の選挙戦は，ドゥテルテ候補が多数を制した。第2位だったマヌエル・ロハスはアキノ政権の閣僚で，アキノ大統領個人からの支持を明言されており，第3位だったグレース・ポーも立候補を公表したその日に「自分こそが正当なアキノ路線の継承者だ」と発言するなど，必ずしも反アキノ政権というわけではなかった。本章図2-1で示したとおり，アキノ政権の支持率は高く，いずれの候補も正面からアキノ政権を批判することはなかった。ロハス候補とポー候補の得票を合計するとドゥテルテ候補の得票を超えており，アキノ陣営が後継候補の絞り込みに失敗したために，ドゥテルテ候補が勝利したと理解するのが，実態に近いと考えられる。

ンゴが一貫して大臣職にあった。他方、ドゥテルテ政権で大臣に任命されたのは、食品・飲料品メーカーRFM社（RFM Corporation）のCEOであったラモン・ロペスである。本書第3章で論じるように、食料・飲料品（食品加工）はフィリピン国内の製造業を牽引する産業である。ロペスは、政権に入る前から「Go Negosyo」という起業家支援団体を率いるなど、国内産業の育成に熱心であり、アキノ政権の貿易、投資重視とは一線を画する人事といえる。

また、「作れ、作れ、作れ」（Build, Build, Build）というスローガンが印象的なインフラ政策についても、前アキノ政権からの変化を読みとることができる。前政権は汚職摘発に集中した結果、大規模インフラ工事の着工に大幅な遅れが出た。その一方、統治機構改革、適切なマクロ経済管理と順調な海外からの送金の結果、経済は成長した。このように考えると、インフラ整備は、これまでの経済政策を転換するものというより、これまでの政策を補完するために注力していく政策という色彩が強いであろう。

選挙期間中に公表されたドゥテルテ政権の10ポイント・アジェンダ（表2-2）をみると、アキノ政権とドゥテルテ政権の継続性がより顕著に読

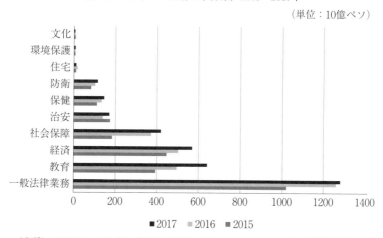

図2-3 フィリピン政府の予算案、2015〜2017年

（出所）DBMウェブサイト（2016, 2017 People's Proposed Budget）より筆者作成。

みとれる。10ポイント・アジェンダの第1は，アキノ政権のマクロ経済政策の継続であった。2018年1月に筆者が行ったインタビューにおいても，テタンコ前中央銀行総裁は現政権の政策について，変化よりも継続性が強いことを指摘していた。こうした継続の側面を如実に表すのが，中央銀行総裁人事である。2017年にテタンコ総裁の後を継いだのは，同体制で副総裁を務めたネスター・エスペニリャである。また，ダバオ出身である大統領のバックグラウンドを反映して非首都圏出身者の目立つ内閣において，おもにマクロ経済を所管する経済チームには，過去の政権での閣僚経験者や首都での実務経験のある経済学者らを登用した。フィリピン大学の教授陣から，予算管理大臣にベンジャミン・ジョクノ，社会経済開発庁長官にエルネスト・ペルニャが任命された。ジョクノは，エストラーダ政権でも同職についていた。また，ペルニャは，アロヨ政権期の財政危機の際，フィリピン大学から公表された『深化する危機』の共著者であり，長年アジア開発銀行に勤務するなどの実務経験を有する人物である。こうした経済チームの中心になりつつあるのが，カルロス・ドミンゲス財務大臣である。ドミンゲスは，直近までダバオ財界の有力者であったが，そもそも1986年のコラソン・アキノ政権で天然資源大臣と農業大臣を歴任するな

表2-2　ドゥテルテ候補の10ポイント・アジェンダ

1	現在のマクロ経済政策の継続
2	税制改革
3	ビジネス環境整備（憲法改定含む）
4	インフラ開発の加速，PPPの活用
5	地方におけるビジネス支援
6	投資促進のための土地制度改革
7	人的資本への投資（教育政策）
8	イノベーション支援
9	社会保障（CCTを含む）
10	RH法の着実な実施

（出所）　GMAネットワーク "Duterte's Economic Team Reveals 10-point Socioeconomic Agenda" より筆者作成（2018年2月21日最終アクセス）。

ど，中央政界とも関係の深い人物である。

　これまでのドゥテルテ政権による経済政策運営のうち，中長期に影響を及ぼしそうなのが，税制改革（共和国法10963号）である。ペルニャが『深化する危機』の共著者であったことからも示されるように，この税制改革は，2004年の財政危機宣言以来の問題意識に基づく改革であり，アロヨ政権期の改革では不十分であった付加価値税の減免措置そのほかについての修正が行われた（Sta. Ana 2018）。

　政権発足から1年以上が経過すると，発足当初に目立ったドゥテルテ政権の独自色にも変化がみられるようになった。政権発足当初は共産党との和平合意の実現をめざし，共産党系の人物が閣僚に任命されたものの，2017年に入ると議会での同意を得られず辞職していった。大統領が議会での多数派工作に熱心ではなかった背景として，共産党との和平交渉が期待どおりに進展しなかったことがあるだろう。また，ミンダナオではモロ民族解放戦線やモロイスラーム解放戦線といった自治をめざす運動とは異なる勢力[7]の台頭を許した結果，2017年にはムスリム・ミンダナオ自治地域のマラウィ市で市街戦が起き，これは数ヵ月に及んだ。当初，米国との関係を断ち切るかのような発言を繰り返していたドゥテルテ大統領であったが，こうした過程で米国との関係強化の重要性を実感したと考えられる。これには，対米関係に関して，大統領とは異なる発言をし続けていたデルフィン・ロレンサーナ防衛大臣の影響もあるだろう。

　一方，対中関係の強化は印象的である。対中関係の変化に関しては，ドゥテルテ大統領とアロヨ元大統領やデヴェネシア元下院議長などとの関係緊密化が注目に値する（Vitug 2018, Epilogue）。アロヨ元大統領はドゥテルテ政権発足以来，下院副議長として影響力を回復し，2018年には下院議長に就任した。対中関係の緊密化は，ドゥテルテ政権を支える勢力のなかでの旧アロヨ政権系の影響力拡大を示すものとみることもできる。他方，こうした政治の絡む案件とは別に，対中経済関係が緊密度を増してきたこ

7）モロイスラーム解放戦線指導部の和平路線に反対し，バンサモロ・イスラミック・フリーダム・ファイターやマウテ・グループなどが組織された。

とも無視できない。実際，MBCは，ドゥテルテ政権発足当初から，新政権による対中関係の再活性化を支持する声明を発出していた（MBC 2016）。政治的な緊張関係の高まった前アキノ政権期にも，民間を中心に比中の経済関係が深化したことにみられるように，個別の政権の意図とは別に中国との経済関係の深まりは生じうる。

なお，南シナ海問題について，デル・ロサリオ前外務大臣のような対米協調路線が復活することは考えにくいが，国軍近代化の路線は継続している。これに関して，米国や日本から海上監視能力や法執行能力支援を受ける方針に変化はない。国内治安問題があるかぎり，対応能力のある国からの支援を引き受け続けることになると考えられる。

これまでのドゥテルテ政権の政策運営を振り返ると，財政政策についてはやや拡張気味の傾向がみられる。ただし，税制改革にみられるように，拡張財政を支える仕組みづくりも志向している。また，外交に関しては対中関係をめぐって軌道修正がなされたといえるが，アロヨ政権までさかのぼれば特段新しい外交というわけではない。実際，アロヨ元大統領が現職の下院議長として復権していることにみられるように，ドゥテルテ政権においても過去の政権とのつながりが完全に断ち切れたわけではない。

6．おわりに——今後の展望——

21世紀のフィリピン政治を，連合政治に注目して整理してきた。そうすることで，以下の4つの点が指摘できる。第1に，マクロ経済運営については，政権交代にかかわらず継続性がみてとれる。こうした政策運営を支えてきたのは，1993年に憲章を改定した中央銀行であり，MBCに代表されるような一部の財界人たちや，フィリピン大学経済学部を中心とする学識者たちであった。第2に，政府による積極的な産業政策は見出しにくい。たとえば，IT-BPO産業の興隆において，ロハス貿易産業大臣は一定の役割を果たしたかもしれないが，その政策手段は規制緩和であり，補助金などの財政支援を伴うものではない。また，アキノ政権も財界との良好

な関係を維持したようにみえるが，政策支援した分野は人的資本の拡充に資する分野であり，特定の産業への梃入れとはいいにくい。政府による経済活動への介入に対する経済界の警戒感の強さは，マルコス政権の経済運営に対する反感に根づいたものといえる。

　第3は，外交分野では経済界の声よりも，選挙を意識する政治家の声が重視されてきた側面が挙げられる。アロヨ政権期の対米協調から対中接近への流れは，米国の影響力の低下と中国の台頭という国際関係の構造変化よりも，ミンダナオ情勢の悪化とフィリピン人海外労働者の安全確保という内政上の課題に注目したほうがわかりやすい。アキノ政権が対中関係に厳しい姿勢をとったのは，南シナ海問題だけではなく，アロヨ政権期に作られた比中経済協力事業が政治的スキャンダルになったことと無縁ではないだろう。

　第4に，外交をめぐる連合政治を考えると，とくに対中関係に関して，外交・安全保障を重視する連合と，経済的権益を重視する連合の利害の不一致が顕著になる。アロヨ政権期にはアロヨ大統領やデヴェネシア下院議長らを中心に中国との経済関係強化が試みられた。他方，アキノ政権期には主権を重視するカルピオ最高裁判事やデル・ロサリオ外務大臣が対中強硬路線を選択した。ドゥテルテ政権下でアロヨの影響力が徐々に回復しているとすれば，同政権で進む対中接近はアロヨ政権期の経験をふまえたものになる可能性が高い。なお，こうした政治の動きとは別のところで，貿易と投資の両面で中国との経済関係が深まっていることも無視できない。

　6年一期の大統領制のもと，フィリピン政治は一見すると変化を繰り返したかにみえる。しかしながら，連合政治に注目すると，過去20年のあいだ，広い意味での政権運営に繰り返し参画した人材が浮かび上がる。こうした人材の厚みがある政策分野としては，マクロ経済政策と社会政策が挙げられる。他方，外交に関しては，複数の連合が異なる利益と理念をもって対立する構図がある。ドゥテルテ政権の今後も，大統領を取り巻く連合政治に大きく左右されていくものと考えられる。

〔参考文献〕

（各URLの最終アクセス日：2018年10月23日）

〈日本語文献〉
浅野幸穂　1992.『フィリピン——マルコスからアキノへ』アジア経済研究所.
桂誠　2013.『中国が急進する中での日本の東南アジア外交——フィリピン，ラオスの現場から』かまくら春秋社.
川中豪　2001.「フィリピン——代理人から政治主体へ」重冨真一編『アジアの国家とNGO——15カ国の比較研究』明石書店.
川中豪・鈴木有理佳　2004.「総選挙に向けた一年——2003年のフィリピン」アジア経済研究所編『アジア動向年報 2004』日本貿易振興機構アジア経済研究所.
日下渉　2013.『反市民の政治学——フィリピンの民主主義と道徳』法政大学出版局.
鈴木有理佳　2006.「アロヨ大統領の信頼揺らぐ——2005年のフィリピン」アジア経済研究所編『アジア動向年報 2006』日本貿易振興機構アジア経済研究所.
高木佑輔　2017a.「フィリピン・ドゥテルテ政権の政治——民主化後の政治発展とエドサ連合」『アステイオン』86: 45-60.
——　2017b.「ドゥテルテ政権の外交政策——フィリピンにおける親アジア路線の模索と課題」『国際問題』(665): 20-29.
谷村真　2012.「アロヨ政権の財政健全化政策と今後の課題」『アジア研究』58 (3): 1-20.
知花いづみ・鈴木有理佳　2005.「第2期アロヨ政権の始動——2004年のフィリピン」アジア経済研究所編『アジア動向年報 2005年版』日本貿易振興機構アジア経済研究所.
山根健至　2014.『フィリピンの国軍と政治——民主化後の文民優位と政治介入』法律文化社.

〈外国語文献〉
Abinales, Patricio N. 2005. "Governing the Philippines in the Early 21st Century," In *After the Crisis: Hegemony, Technocracy and Governance in Southeast Asia*, edited by Takashi Shiraishi and Patricio N. Abinales, Kyoto: Kyoto University Press.
Almonte, Jose T. 2015. *Endless Journey: A Memoir*, Quezon City: Cleverheads Publishing.
Balisacan, Arsenio and Hal Hill 2003. *The Philippine Economy: Development, Policies, and Challenges*, Quezon City: Ateneo de Manila University Press.
Camba, Alvin 2018. "The Philippines' Chinese FDI Boom: More Politics Than Geopolitics," *New Mandala*, Canberra: Coral Bell School of Asia Pacific Affairs, The Australian National University (http://www.newmandala.org/duterte-philippines-chinese-investment-boom-politics-geopolitics).
CNN International 2003. "Peso Dips After Camacho Goes," 24 November (http://edition.cnn.com/2003/BUSINESS/11/24/philippines.camacho.reut).
Dañguilan, Marilen J. 2018. *The RH Bill Story: Contentions and Compromises*, Quezon

City: Ateneo de Manila University Press.
De Dios, E., B. Diokno, E. Esguerra, R. Fabella, Ma. Bautista, F. Medalla, S. Monsod, E. Pernia, R. Reside, Jr., G. Sicat and E. Tan 2004. "The Deepening Crisis: The Real Score on Deficits and the Public Debt," Discussion Paper No. 0409, Quezon City: School of Economics, University of the Philippines (http://www.econ.upd.edu.ph/dp/index.php/dp/article/view/28/111).
Embassy of Japan 2012. "J-BIRD Information Sheet," Pasay City: Embassy of Japan in the Philippines (http://www.ph.emb-japan.go.jp/bilateral/image/oda%20 2010%20update/jbird%20brochure/1.htm).
Guinigundo, Diwa C. 2017. "Implementing a Flexible Inflation Targeting in the Philippines," *Philippine Central Banking: A Strategic Journey to Stability*, Manila City: Bangko Sentral ng Pilipinas.
Hau, Caroline S. 2017. *Elites and Ilustrados in Philippine Culture*, Quezon City: Ateneo de Manila University Press.
Kasuya, Yuko 2008. *Presidential Bandwagon: Parties and Party Systems in the Philippines*, Tokyo: Keio University Press.
Macapagal-Arroyo, Gloria 2004. "First Inaugural Address of Gloria Macapagal Arroyo," In *So Help Us God: The Presidents of the Philippines and Their Inaugural Address*, edited by J. Eduardo Malaya and Jonathan E. Malaya, Pasig City: Anvil.
MBC (Makati Business Club) 2013. "Rising to the Challenge of Inclusive Growth." MBC Research Report No. 113, Makati City: MBC (https://mbc.com.ph/2013/12/04/mbc-research-report-no-113-december-2013).
―――― 2016. "MBC Welcomes the Government's Efforts to Rebuild Relationship with China, and Calls for a National Dialogue on Strategic Relations," Makati City: MBC (https://mbc.com.ph/2016/10/25/mbc-welcomes-the-governments-efforts-to-rebuild-relationship-with-china-and-calls-for-a-national-dialogue-on-strategic-relations).
McCoy, Alfred W. 1999. *Closer than Brothers: Manhood at the Philippine Military Academy*, Quezon City: Ateneo de Manila University.
Mikamo, Shingo 2013. "Business Associations and Politics in the Post-EDSA Philippines: Neither Oligarchy nor Civil Society," *Philippine Political Science Journal* 34 (1): 6-26.
Natividad, Nikki 2015. "A History of the BPO Industry in Numbers," *Rappler* (https://www.rappler.com/brandrap/stories/98207-bpo-philippines-timeline).
Nemenzo, Francisco 1988. "From Autocracy to Elite Democracy," In *Dictatorship and Revolution: Roots of People's Power*, edited by Aurora Javate-de Dios, Petronilo Bn. Daroy and Lorna Kalaw-Tirol, Quezon City: Conspectus Foundation.
Quimpo, Nathan Gilbert 2008. *Contested Democracy and the Left in the Philippines after Marcos*, New Haven: Yale University Southeast Asia Studies.

Rappler 2012. "Philippines, from IMF Borrower to Lender," 22 February (https://www.rappler.com/business/1692-philippines,-from-imf-borrower-to-lender).
Raquiza, Antoinette R. 2012. *State Structure, Policy Formation, and Economic Development in Southeast Asia: The Political Economy of Thailand and the Philippines*, London, New York: Routledge.
Sidel, John T. 2014. "Achieving Reforms in Oligarchical Democracies: The Role of Leadership and Coalitions in the Philippines," Research Paper 27, Developmental Leadership Program, Birmingham: University of Birmingham (http://publications.dlprog.org/Achieving%20Reforms%20in%20Oligarchical%20Democracies%20-%20The%20Role%20of%20Leadership%20and%20Coalitions%20in%20the%20Philippines.pdf).
Sicat, Gerardo P. 2014. *Cesar Virata: Life and Times; Through Four Decades of Philippine Economic History*, Quezon City: University of the Philippines Press.
St. Ana, Filomeno S. 2018. "Yellow Pad: Assessing TRAIN," Quezon City: Action for Economic Reforms (https://aer.ph/assessing_train).
Tadem, Teresa S. Encarnacion 2005. "The Philippine Technocracy and US-Led Capitalism," In *After the Crisis: Hegemony, Technocracy and Governance in Southeast Asia*, edited by Takashi Shiraishi and Patricio N. Abinales, Kyoto: Kyoto University Press.
Takagi, Yusuke 2017. "Policy Coalitions and Ambitious Politicians: A Case Study of Philippine Social Policy Reform," *Philippine Political Science Journal* 38 (1): 28-47.
―――― 2016. *Central Banking as State Building: Policymakers and Their Nationalism in the Philippines, 1933 – 1964*, Quezon City: Ateneo de Manila University Press, Singapore: National University of Singapore Press and Kyoto: Kyoto University Press.
Thompson, Mark R. 1996. *The Anti-Marcos Struggle: Personalistic Rule and Democratic Transition in the Philippines*, Quezon City: New Day Publishers.
Vitug Marites Dañguilan 2018. *Rock Solid: How the Philippines Won Its Maritime Case against China*, Quezon City: Ateneo de Manila University Press.

〈ウェブサイト〉
DBM (Department of Budget and Management)［予算管理省］：https://www.dbm.gov.ph
GMA Network ［GMAネットワーク］：https://www.gmanetwork.com
National Government Portal ［フィリピン政府ポータル］：https://www.gov.ph
Official Gazette, the Republic of the Philippines ［フィリピン共和国　官報ウェブサイト］：https://www.officialgazette.gov.ph
SWS (Social Weather Stations)［ソーシャル・ウェザー・ステーションズ］：https://www.sws.org.ph

付表2-A　本章でとりあげた主要な法律

1	共和国法9334号	アルコールとたばこについての物品増税についての1997年内国歳入法修正法
2	共和国法9335号	賞罰とインセンティブを通じた歳入庁と税関の徴税実績改善等についての法
3	共和国法9337号	1997年内国歳入法修正法
4	共和国法10354号	責任ある両親とリプロダクティブヘルスについての法
5	共和国法10533号	基礎教育改良法
6	共和国法10963号	1997年内国歳入法修正法

(出所)　フィリピン共和国官報（Official Gazette）等より筆者作成。

第 2 部
国内消費（経済）を支える産業

第 3 章
食料品産業

鈴木　有理佳

1. はじめに

　フィリピンの食料品産業（飲料含む）は，第 1 章でも確認したように，製造業の約半分を占める一大産業である。その規模は国内総生産（GDP）の10.2％[1]，全産業就業者数の2.3％[2]を占める。また，全世帯の家計消費に占める食費の割合は42.4％[3]と高く，食料品産業は内需とともに拡大してきたといっても過言ではない。本章はこの食料品産業について，各種統計をもとに，改めてその全容を確認するものである。

　フィリピンの食料品産業に関する先行研究では，製造業のなかの一産業として断片的に言及するか，限定された品目ないし業種のみについて論じている場合が多く，全体を俯瞰したものがほとんどない（de Dios 1996; Mercado-Aldaba 2002; Onuh 2006; Aldaba 2014）。また，食料品産業を個別にとりあげていても，貿易や規制のあり方など，より実務的な観点からの分析が中心になっているものが散見される（World Bank 1985; 日本貿易振興機構 2010; Manalili et al. 2017）。

　なお，食料品産業には農産品加工が含まれることから，フィリピンでは

---

1) フィリピン統計庁（Philippine Statistics Authority: PSA），National Accounts of the Philippines（2016）より算出。
2) PSA（2017）より算出。
3) PSA Family Income and Expenditure Survey（2015）より算出。

「アグリビジネス」もしくは「アグロインダストリー」として，農林水産業と一体的にとりあげられる傾向にある。この場合，研究者の関心は食料品産業よりも農林水産業にあり，農産品の生産・販売の拡大と効率化，食の安全や価格の安定，それに生産者（とくに農家）の保護の是非などが焦点となる。こうした観点に基づく複数の調査研究が共通して指摘しているのは，農産品多角化の必要性，農業全般の生産性向上や高付加価値化とそのための多様な環境整備などである（Dy et al. 2011; Llanto Sombilla and Quimba 2012; Briones 2013; Briones and Galang 2013; Dy 2015; 2017; Duke University・USAID 2017）。これらの提言を受けてフィリピン政府でも近年，地方におけるアグリビジネス振興を目的に，品目を選択して支援対象とする政策の策定に向けた動きがある[4]。このように，フィリピンの食料品産業は一大産業でありながら，先行研究や各種調査では限定された品目ないし業種のみがとりあげられる傾向にある。

そこで本章では，改めて食料品産業を俯瞰し，その規模や生産地などに関する基礎的な情報を整理・紹介し，近年の変化の有無などを確認する。本章の構成は以下のとおりである。第2節では家計調査（PSA Family Income and Expenditure Survey）結果による食料品の消費動向について，大まかに確認する。第3節と第4節では，事業所調査PSA ASPBI（Annual Survey of Philippine Business and Industry）およびCPBI（Census of Philippine Business and Industry）を参照しつつ，業種別や地域別の状況を把握する。ただし，参照する統計の事情により，詳細把握に限界があることもあらかじめ指摘しておかなければならない[5]。そして第5節では，食料品にかかわる企業動向について簡単にふれ，最後にファインディングスを整理してまとめる。

4） フィリピン投資委員会（BOI）のアグリビジネス・ロードマップ（BOI 2015）参照。
5） 調査実施から中間・最終結果の公表までのタイムラグが長く，調査枠組みや産業分類の変更によって，中長期の時系列比較が困難である場合が多い。また，業種によっては特定された事業者数が少ないという理由で，詳細が非公表となる場合もある。さらに，2000年代以降には，インフォーマル・セクターが調査対象から除外されるという調査枠組みの大きな変更があった。おもな統計に関する解説は，本書の「資料紹介と解説」を参照されたい。

2．食料品需要

本節では，家計調査による全国の食費額（外食含む）に基づいて，食料品の消費動向について確認する。フィリピンにおける食料品消費額は，2015年に2兆712億ペソで，その規模は国民総所得（GNI）の約13％に相当する。前回の2012年調査[6]の1兆7904億ペソと比較すると，その額は3年間に名目値で約16％増（実質値では約12％増）となった。他方で，食費の家計消費全体に占める割合は，2015年に約42％であった。同割合は1994年に約48％であったことから，それに比べると減少した。

図3-1は1994年と2015年の食費の地域別分布を比較したものである。2015年は首都圏が全国の約19％，カラバルソン地方が約17％，中部ルソン

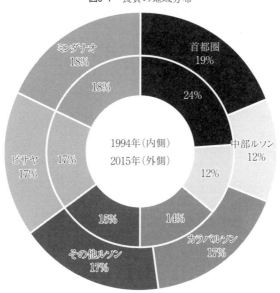

図3-1　食費の地域分布

（出所）　PSA Family Income and Expenditure Survey（1994; 2015)より筆者作成。

---

6) フィリピンの家計調査は3年ごとに実施される。

地方が約12％となり，これら隣接する3地域だけで食料品消費全体の約半分を占める。ちなみに，この3地域に「その他ルソン」をあわせたルソン全域[7]では約65％となり，食料品の消費（市場）がルソンに集中していることがわかる。約20年前の1994年と比較すると，ルソン集中型であることに変化はないが，首都圏の割合が約24％（1994年）から約19％（2015年）へと減少し，非首都圏地域への分散が若干進んでいる。

表3-1は食費の支出項目別割合を示したものである。2015年は「パン・穀類」に約28％,「肉類」に約13％,「魚介類」に約12％，以下「根菜類・野菜・果物」,「乳卵類」の順に支出している。1994年と比較した場合,「コーヒー・ココア・茶類」と「その他飲料」（アルコール除く）において支出割合が若干増加し，それ以外の品目ではその割合が若干減少した。特筆されるのが「外食」の割合で，1994年の約9％から2015年の約19％へと

表3-1　食品の支出項目別割合

（単位：％）

	1994年	2015年
パン・穀類	29.8	27.6
根菜類・野菜・果物	10.1	8.4
肉類	14.2	12.6
乳卵類	7.0	6.7
魚介類	14.2	11.7
その他の食品	8.8	5.9
コーヒー・ココア・茶類	2.7	3.6
その他飲料（アルコール除く）	2.7	3.0
アルコール飲料	1.8	1.2
外食	8.6	19.3
全体	99.8	100.0

（出所）　図3-1に同じ。
（注）　1994年の数値は，統計の都合により合算して100％にならない。

7)　ルソンは首都圏，コルディリェラ地方，イロコス地方，カガヤン・バレー地方，中部ルソン地方，カラバルソン地方，ミマロパ地方，ビコール地方を指す。図3-1では，首都圏＋中部ルソン地方＋カラバルソン地方＋その他ルソン。

大きく増加した。ここに食生活の変化が表れているといってよい。

家計調査からは，所得階級による消費行動のちがいも確認できる。まず，2015年の家計消費に占める食費の割合は全体で約42％であるが，上位10％世帯が約26％，次の10％世帯が約36％と，下位層になるほど増えていき，下位10％世帯は約64％であった。低所得世帯になればなるほど，家計消費に占める食費の割合が高くなる。つぎに，前述した外食の割合は高所得世帯ほど大きくなる。2015年には上位10％世帯が食費の約29％を外食に費やしていたのに対し，下位10％世帯は約8％であった。また，「肉類」「乳卵類」「果物」「その他飲料」（アルコールやコーヒー・ココア・茶類を除く）の4品目でも所得階級による明らかな消費格差があり，高所得世帯ほどそれらの支出割合が大きくなる。なお，「肉類」と「魚介類」について，全世帯における支出割合は前述のとおり大差ないが，上位50％世帯までは「肉類」の割合が大きく，逆に下位50％世帯では「魚介類」の割合が大きくなり，高所得世帯ほど「肉類」をより消費する傾向にある。このように，地域別での市場規模や家計の所得水準による差異があるものの，フィリピンでは今後も人口増加と所得水準の上昇にともない，食料品全般に対するさらなる需要拡大が見込まれる。

3．食料品産業の位置づけ

食料品産業は，雇用や生産額において製造業のなかで最大である。2015年労働力調査（PSA Labor Force Survey）によれば，食料品産業の就業者は約90万4000人[8]と推定され，製造業全体の約28％であった。また表3-2に示したとおり，2015年事業所調査[9]によれば，事業所数，従業者数，生産額のいずれもが製造業のなかで最大である。ここで一点，留意すべきは，表3-2の従業者数と上述の労働力調査による就業者数に大きな

8）PSA（2017）より。
9）PSA ASPBI（2015）による。製造業の概要を把握できる最新版は2015年である。

乖離がみられることである。これは第1章でも指摘したように両統計の調査方法のちがいによるもので[10]，2015年事業所調査が把握する「フォーマル・セクター」で働く従業者数（約31万人）は，2015年労働力調査による就業者数（約90万人）の3割程度でしかないということになる。すなわち，誤解を恐れずにいえば，残りの約7割（約59万人）は「インフォーマル」な従事者と想定される。なお，筆者算出によれば，フィリピン製造業のうち，このようなインフォーマル従事者は食料品産業に最も多い[11]。インフォーマル従事者といえどもその実態はさまざまであると推察されるが，事業所調査では十分に捕捉されない従事者がかなり多く存在するという現実が食料品産業にはある。

　食料品産業の生産面における特徴は，首都圏とその近隣地域以外，すなわちビサヤ[12]やミンダナオ[13]などの地方にも分散し，それら地域でも製造業の中核となっていることである。表3-3は，2012年の従業者数と生産額について大きく地域別に分類したものである[14]。一大消費地の首都圏とその近隣地域に集中する傾向はあるものの，ほかの地域にも分散していることが改めて確認できる。また，各地域の製造業に占める割合を確認すると，とりわけミンダナオでは従業者と生産額ともに食料品産業が過半を占める。ビサヤでも生産額において同地域の製造業に占める割合が高く，「その他ルソン」でも従業者において過半を占めている。地域別の詳細は次節で再び紹介する。

　フィリピンの食料品産業は，そのほとんどが国内市場向けである。2012

---

10) 事業所調査は家計と事業会計が分離された「フォーマル・セクター」の事業所のみを対象としているのに対し，労働力調査は世帯調査による推計値であるため，乖離が生じる。この乖離分を，インフォーマルな従事者と想定する専門家もいる（Habito 2017）。
11) 次いで衣服産業，木材・木製品産業（家具除く）と続き，食料品産業を含めたこの3産業で製造業のインフォーマル従事者の約6割を占める（2015年統計による算出）。
12) ビサヤは西部ビサヤ地方，中部ビサヤ地方，東部ビサヤ地方を指す。
13) ミンダナオはサンボアンガ半島，北部ミンダナオ地方，ダバオ地方，ソクサージェン地方，カラガ地方，ムスリム・ミンダナオ自治地域を指す。
14) 地域別に把握できる直近のPSA統計は，PSA CPBI（2012）である。

第 3 章　食料品産業

表3-2　食料品産業の事業所数・従業者数・生産額（2015年）

	事業所数	（％）		従業者数	（％）		生産額 (100万ペソ)	（％）
製造業全体	24,496	100.0	製造業全体	1,293,811	100.0	製造業全体	4,575,787	100.0
食料品	12,572	51.3	食料品	310,205	24.0	食料品	1,217,893	26.6
衣服	1,680	6.9	コンピュータ，電子製品，光学製品	259,056	20.0	コンピュータ，電子製品，光学製品	741,116	16.2
印刷業	1,562	6.4	衣服	110,474	8.5	石油製品	389,625	8.5
金属製品	1,175	4.8	自動車とその部品	82,580	6.4	自動車とその部品	387,686	8.5
ゴムおよびプラスチック製品	986	4.0	ゴムおよびプラスチック製品	64,950	5.0	化学品および化学製品	280,749	6.1
その他	6,521	26.6	その他	466,546	36.1	その他	1,446,881	31.6

（出所）　PSA ASPBI（2015）より筆者作成。

表3-3　2012年　地域別の従業者と生産額

	従業者		生産額	
	（人）	当該地域の製造業に占める割合（％）	（100万ペソ）	当該地域の製造業に占める割合（％）
首都圏	59,309	23.4	268,562	33.2
中部ルソン	30,528	19.4	104,914	16.0
カラバルソン	43,481	9.8	280,891	14.0
その他ルソン	21,443	53.5	37,793	16.0
ビサヤ	48,026	27.2	163,535	38.9
ミンダナオ	77,555	66.9	241,566	72.0
全国	280,342	23.6	1,097,262	24.6

（出所）　PSA CPBI（2012）より筆者作成。

年事業所調査[15]による算出では，生産額のうち輸出向けは約10％と推定され[16]，内需指向が強い。ちなみに，農産品と食料品をあわせた輸出入額を貿易統計で確認すると，表3-4のようになる。フィリピンは東南アジ

---

15)　製造業の詳細な統計が発表されている直近のPSA統計も2012年である。
16)　ちなみに，2006年は9.6％であった（PSA CPBI（2006）より算出）。

アの他国と比べてとくに輸出の金額と規模（GDP比）ともに小さく，1998年と2016年を比べても増加は鈍い。また，4カ国のなかでは唯一，収支が赤字（輸入超過）であり，その額も拡大している。品目別では，2016年の輸出は動物性・植物性油脂が最も多く，次いで食用果実，野菜・果実の調製品，魚介類などが続く。これら5品目で輸出の約8割を占め，この構成は20年前とほとんど変わっていない。一方で，2016年の輸入は穀物が最も多く，次いで各種調整食料品，食品残留物・調整飼料肉などが続き，20年前より品目がかなり多様化してきた[17]。

金額上では小規模とはいえ，輸出品がフィリピンのどの地域で生産されているかを確認すると，2012年時点ではミンダナオが約69％を占め，つぎにビサヤが約15％，カラバルソン地方が約8％と続く[18]。このように，食料品輸出ではミンダナオの存在を強く認識することができる。

表3-4　農産品・食料品の貿易額

（単位：100万ドル）

	輸出額		輸入額		収支	
	1998年	2016年	1998年	2016年	1998年	2016年
フィリピン	2,099	4,673	2,440	9,443	-341	-4,770
（GDP比）	2.9%	1.5%	3.4%	3.1%		
タイ	9,818	29,966	2,403	13,329	7,415	16,637
（GDP比）	8.6%	7.3%	2.1%	3.2%		
マレーシア	6,845	20,627	3,281	14,154	3,564	6,473
（GDP比）	9.5%	7.0%	4.5%	4.8%		
インドネシア	4,988	29,870	2,850	15,699	2,138	14,171
（GDP比）	5.2%	3.2%	3.0%	1.7%		

（出所）　Global Trade AtlasおよびWB World Development Indicatorsより筆者算出・作成。
（注）　品目はHSコードの上2桁，01から23まで。

---

17)　2016年はこの3品目で約4割を占めるのに対し，1997年の輸入品目は穀物，酪農品，食品残留物・調整飼料肉の3品目で約6割を占める。
18)　PSA（2012）より算出。

4. 業種別動向

食料品産業を現在の産業分類基準[19]で分類すると、次の9業種になる。①肉の加工・保存業、②魚類等の加工・保存業、③果実および野菜加工・保存業、④植物・動物油脂、⑤酪農製品、⑥精穀・製粉業・澱粉製品、⑦その他の食料品、⑧加工飼料、⑨飲料である。これら全体の生産額は2015年に約1兆2179億ペソで、その業種別割合は表3-5のようになる。比較対象として1994年を掲載した[20]。同表によれば、2015年は「その他の食料品」の生産額が最大で約27％を占め、次いで「酪農製品」が約17％、「飲料」も約17％、「精穀・製粉業・澱粉製品」が約10％と続く。「その他の食料品」の内訳は、パン・菓子製造業と糖類製造業が大半を占める。「酪農

表3-5 食料品業種別の従業者と生産額（2015年）

	事業所数	従業者			生産額		
		（人）	（％）	1994年（％）	（100万ペソ）	（％）	1994年（％）
肉の加工・保存業	244	22,019	7.1	4.1	81,643	6.7	6.2
魚類等の加工・保存業	271	20,057	6.5	7.0	48,646	4.0	5.3
果実および野菜加工・保存業	166	28,961	9.3	6.0	60,255	4.9	4.8
植物・動物油脂	152	15,134	4.9	2.4	96,331	7.9	10.0
酪農製品	96	11,104	3.6	2.8	209,862	17.2	8.5
精穀・製粉業・澱粉製品	1,220	18,812	6.1	19.8	115,157	9.5	8.5
その他の食料品	7,778	156,065	50.3	47.4	323,683	26.6	29.2
加工飼料	191	9,672	3.1	2.0	78,850	6.5	6.6
飲料	2,454	28,381	9.1	8.5	203,465	16.7	21.0
合計	12,572	310,205	100.0	100.0	1,217,893	100.0	100.0

（出所）PSA Census of Establishments(1994)およびPSA ASPBI(2015)より筆者分類、作成。

---

19) 2009年フィリピン標準産業分類の3桁レベルによる。
20) 1994年は産業分類が異なるため2014年にあわせて再集計したが、統計の調査枠組み自体が異なるため、比較には若干の留意が必要である。

製品」の割合が1994年に比べて大きく増加しており，その内訳は粉ミルクやコンデンスミルクの製造である。また2015年の従業者数の割合を確認すると「その他の食料品」が約50％と突出して大きく，その過半はパン・菓子製造業である。

上記9業種の生産地を確認したものが図3-2である[21]。少し詳しくみると[22]，「飲料」は地域的に分散しており，消費地に近いところで生産される傾向にあることがわかる。「肉の加工・保存業」も同様で，第2節で紹介したように肉類の消費がより多い所得階層の高い人々が居住する首都圏やカラバルソン地方に集中している。

「加工飼料」は中部ルソン地方が，「精穀・製粉業・澱粉製品」は首都圏とカラバルソン地方が主産地である。いずれの地域も原材料が集積しやすく，製造拠点がある。「精穀・製粉業・澱粉製品」の従業者はミンダナオにも多いが，それは，大手企業の製粉工場があることに加え，北部ミンダナオ地方やソクサージェン地方，それにムスリム・ミンダナオ自治地域な

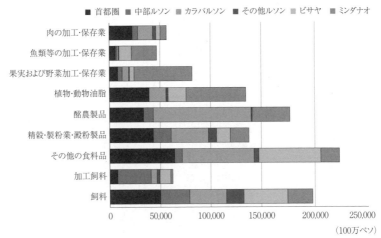

図3-2 食料品各業種の地域別生産額（2012年）

（出所）　PSA CPBI（2012）より筆者作成。

---

21) 詳細データが公表されている直近年は2012年時点のもの。
22) 以下，生産地についてはDy et al.（2011）やDy（2015；2017）なども参照した。

どがトウモロコシやキャッサバの産地でもあり，製粉も行っているためである。

「酪農製品」は，首都圏とカラバルソン地方，およびミンダナオが主要な産地で，消費地に近いことに加え，輸入に依存しがちな原材料調達の容易さなどから製造拠点がある。ミンダナオでは，とくにブキドノン州に事業者が多い。

「その他の食料品」（主としてパン・菓子製造業）の生産も，やはり大規模消費地に近い首都圏やカラバルソン地方に集中する傾向にある。また，西部ビサヤ地方や中部ビサヤ地方なども製糖を中心に伝統的な産地である。

「魚類等の加工・保存業」「果実および野菜加工・保存業」「植物・動物油脂」の3業種は，ミンダナオもしくはビサヤが主要産地で，いずれも原材料の収穫地域と重なる。主要な輸出品目でもあり，この3業種だけで2012年食料品輸出の約9割を占めると推定される。

「魚類等の加工・保存業」は，中部ビサヤ地方（セブ市近辺），そしてミンダナオのサンボアンガ半島（サンボアンガ市近辺）とソクサージェン地方（ジェネラル・サントス市近辺）に集中する傾向にある。セブ市近辺は水産加工全般が，サンボアンガ市近辺ではイワシ加工，ジェネラル・サントス市近辺はマグロ加工がそれぞれ有名である。

「果実および野菜加工・保存業」は，ミンダナオのなかでも北部ミンダナオ地方とソクサージェン地方が盛んで，バナナやパイナップルをはじめとする果物の生産・加工輸出のみならず，北部ミンダナオ地方では野菜の生産・加工も行われている[23]。また，図3-2には明確に表れないものの，中部ルソン地方やルソン北部のコルディリェラ地方なども盛んな産地として知られている。

同じく輸出が多い「植物・動物油脂」は，北部ミンダナオ地方とダバオ地方，東部ビサヤ地方，カラバルソン地方で生産額が多い。これらの地域ではココナツオイルやココナツ関連製品，パーム油の生産が盛んである。

---

[23] ブキドノン州やカガヤン・デ・オロ市が生産地として有名。

5．労働生産性

　本節では，事業所調査によって算出できる労働生産性につき，大まかではあるが確認する。小分類の産業別かつ職階別の一貫した賃金把握が難しいため，労働生産性をみることで類推できればと考える。

　図3-3は，労働生産性（1人当たり付加価値額の実質値）[24]の推移を，フィリピンの全産業，製造業，食料品（飲料除く），飲料に関してみたものである。2015年事業所調査と同じ調査枠組みを採用しはじめた2006年も比較のため提示した。同図から観察されることは，飲料の労働生産性が非常に高く，逆に食料品全般（飲料除く）はフィリピンの全産業や製造業の

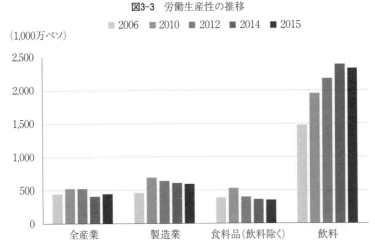

図3-3　労働生産性の推移

（出所）　PSA ASPBI (2010; 2014; 2015)およびPSA CPBI (2006; 2012)より筆者算出・作成。
（注）　1人当たりの実質付加価値額。実質値は2000年を基準としたGDPデフレーターで調整。

24）　生産性は従業者1人当たりの付加価値額とし，2000年基準のGDPデフレーターを使用して実質値を算出した。GDPデフレーターは，全産業，製造業，食料品（飲料除く），飲料のそれぞれについて数値があり，実質値算出の際に適用した。

なかでも低いということである。さらに，飲料では労働生産性が上昇しているのに対し，食料品全般（飲料除く）では停滞ぎみである。

図3-4は，同じく労働生産性につき，食料品（飲料除く）の内訳をみたものである。同じ産業分類を採用する2010年以降を提示した。業種によって労働生産性に大きな差があり，とくに「酪農製品」で高く，「魚類等の加工・保存業」では低いことがわかる。「酪農製品」や「飲料」に代表される労働生産性が高い業種は機械化が進んでいるのに対し，低い業種はより労働集約的であるという生産工程のちがいもあるだろう。さらに，同図では労働生産性の上昇が「酪農製品」では2010年を除いて顕著に，また「加工飼料」でもわずかに観察されるが，ほかの業種は年度によって増減があり，本統計を観察するかぎりにおいて，一貫して上昇傾向にあるとは言い難い。

統計の不都合そのものに加え，地域別などの詳細な統計の発表が遅れて

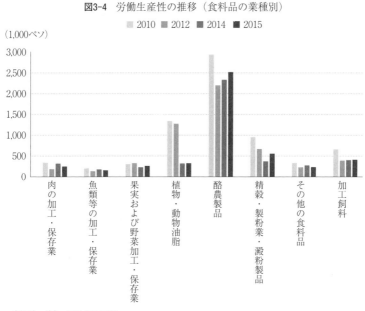

図3-4　労働生産性の推移（食料品の業種別）

（出所・注）　図3-3に同じ。

いるため，本節ではおおまかな傾向しか確認できないが，フィリピンの食料品産業の一部の業種では，労働生産性の向上をめざす取り組みがあってもよいのではないかと考える。

6．企業動向

本節では，BusinessWorld紙が毎年集計・公表する企業ランキングに基づき，食料品産業の担い手に注目してみよう。表3-6は，2015年の総収益上位1000社のうち，食料品企業を抽出したものである。企業数は83社，総収益は上位1000社合計の約10％を占めた。これら企業が製造業企業全体に占める割合では，企業数と総収益がともに約27％であった。1996年と比

表3-6 総収益上位1000社に占める食料品企業

	2015年			1996年		
	企業数	総収益 (100万ペソ)	（％）	企業数	総収益 (100万ペソ)	（％）
上位1000社	1,000	9,474,501	100.0	1,000	2,049,440	100.0
製造業	313	3,431,622	36.2	409	926,053	45.2
食料品全体	83	916,028	9.7	78	227,799	11.1
肉の加工・保存業	3	31,211	0.3	7	27,530	1.3
魚類等の加工・保存業	5	32,125	0.3	7	4,624	0.2
果実および野菜加工・保存業	4	70,989	0.7	3	9,791	0.5
植物・動物油脂	12	44,967	0.5	11	13,213	0.6
酪農製品	9	73,044	0.8	5	8,356	0.4
精穀・製粉業・澱粉製品	6	50,966	0.5	7	11,703	0.6
その他の食料品	27	346,103	3.7	28	60,912	3.0
加工飼料	6	31,638	0.3	4	15,973	0.8
飲料	11	234,985	2.5	6	75,698	3.7

（出所）BusinessWorld（1997；2016）より筆者作成。
（注）1996年の産業分類は2015年と異なるため，分類を任意に行った。そのため，若干の留意が必要。

較すると，上位1000社の総収益に占める食料品企業の割合は若干減少しているが，企業数と総収益額そのものは増加している。業種別では，「魚類等の加工・保存業」と「果実および野菜加工・保存業」の総収益が大きく増加しており，輸出の拡大に伴うものと考えられる。また，国内消費の拡大とともに，「酪農製品」や「その他の食料品」も増加している。

表3-7は，表3-6に含まれる食料品企業83社のうち上位20社をリストしたものである。これら20社はすべてランキング200位以内に入り，総収益の合計は食料品企業83社合計の約7割を占めている。おもな出資国をみると，国内資本と外資が混在していることが確認できる。なお，大手企業にもかかわらず，フィリピン証券取引所に上場している企業は20社のうち4社しかない。フィリピンの企業グループは親会社（持株会社）のみを上場するのが一般的で，表3-7のなかでグループに所属している企業は事業会社のような位置づけにある。

食料品事業をもつ企業グループのうち，国内最大手はサンミゲル・グループである。今日でこそ石油精製や電力，インフラなどに多角化した複合企業グループとして知られているが，創業は1890年にビール事業を開始したことにさかのぼる。食料品事業内でも多角化を進め，傘下に飲料（アルコール含む），飼料，精肉，酪農製品，製粉など，幅広く事業会社を抱えている。とりわけ飲料は中国やインドネシア，タイ，ベトナムなどでも生産・販売している。食料品関連の売上高（連結ベース）は2015年に総額約2058億ペソで，グループの中核事業である[25]。

表3-7の2番目（14位）にあるユニバーサル・ロビーナ社（Universal Robina Corporation）は，ゴコンウェイ（Gokongwei）一族が経営する食料品大手企業である。1954年のコーンスターチ生産に始まり，現在では畜産，製粉・製糖，麺類，スナック菓子，飲料など，幅広く事業を展開している。外国企業との合弁や事業提携などにも積極的で，タイやベトナムなどの海外にも進出している。2015年の食料品関連の売上高（連結ベース）は

---

25) San Miguel Corporation（2016）ならびに San Miguel Pure Foods Company（2016）を参照。

表3-7 総収益上位1000社のうちのおもな食料品企業（2015年）

	順位	企業名	総収益 (100万ペソ)	おもな業種・製品	おもな出資国もしくは 親会社・所属グループ
食料品	5	Nestle Philippines, Inc.	122,221	シリアル， 粉末飲料など	スイス
	14	Universal Robina Corp.	76,168	菓子類や飲料など	フィリピン／JG Summit Holdings, Inc.（ゴコンウェイ一族）／上場
	17	San Miguel Brewery, Inc.	72,585	ビール	フィリピン／サンミゲル・グループ
	18	Coca-Cola FEMSA Philippines, Inc.	56,682	炭酸飲料	メキシコ
	44	Monde Nissin Corp.	36,577	乾麺，菓子類など	フィリピン
	49	Dole Philippines, Inc.	33,587	果実等の加工	アメリカ
	61	Pepsi-Cola Products Philippines, Inc.	27,410	炭酸飲料など	韓国／上場
	65	Emperador Distillers, Inc.	26,204	蒸留酒	フィリピン／Alliance Global Group, Inc.（アンドリュー・タン）
	77	Del Monte Philippines, Inc.	23,670	果実等の加工	英領バージン諸島・フィリピン／ Campos一族
	97	Century Pacific Food, Inc.	20,133	魚類等の加工など	フィリピン／上場
	108	Alaska Milk Corp.	19,198	乳製品	オランダ／フィリピン
	126	Ginebra San Miguel, Inc.	16,332	蒸留酒	フィリピン／サンミゲル・グループ ／上場
	127	Purefoods-Hormel Company, Inc.	16,255	精肉・肉の加工	フィリピン／サンミゲル・グループ
	139	Pilmico Foods Corp.	14,825	製粉	フィリピン／Aboitiz Equity Ventures, Inc. （アボイティス一族）
	161	UNAHCO, Inc.	13,515	加工飼料	フィリピン／United Laboratories, Inc.
	169	Mondelez Philippines, Inc.	13,232	乳製品など	アメリカ
	175	Foodsphere, Inc.	12,843	肉の加工	フィリピン
	186	Mead Johnson Nutrition (Phil), Inc.	12,021	乳製品	アメリカ
	188	Tanduay Distillers, Inc.	12,011	蒸留酒	フィリピン／LT Group, Inc.（ルシ オ・タン）
	191	Nutri-Asia, Inc.	11,865	果実および 野菜加工	フィリピン／Campos一族
		合計	637,334		
外食	27	Jollibee Foods Corp.	47,197	外食チェーン （バーガーなど）	フィリピン／上場
	103	Golden Arches Development Corp.	19,436	外食チェーン （マクドナルド）	フィリピン／Alliance Global Group, Inc.（アンドリュー・タン）
	122	Fresh N'Famous Foods, Inc.	16,944	外食チェーン （中華やピザなど）	フィリピン／Jollibee Foods Corp. の子会社

（出所）BusinessWorld（2016）より筆者作成。

1091億ペソであった[26]。

こうした大手企業は，内需の拡大にともない，その知名度を生かしながら商品および企業ブランドの確立と売上げの増加を図ってきた。上記2グループについて紹介したように，事業の幅を広げ，企業グループ内でサプライチェーンを構築していく例もみられる。また，輸出展開や海外進出，海外企業の買収や事業提携などによって，業種や操業する地域・国を積極的に拡大している。

なお，食料品産業と切り離せないのが，近年急速に拡大している外食産業である（表3-7の下段を参照）。外食産業に提供される食材・加工品は国内外から広く調達され，フィリピン国内の食料品産業にも供給先として少なからず寄与している。また，家計消費に占める外食費の割合が拡大していることは，第2節ですでに確認したとおりである。フィリピンの外食チェーン最大手はジョリビー・フーズ社（Jollibee Foods Corporation）[27]で，同社のバーガー・チェーンであるジョリビー（Jollibee）は，同業のマクドナルドよりもフィリピン国内での売上げが多いことで知られている。バーガーのほかにも複数の事業会社で外食チェーンを手掛けており，アメリカをはじめ，東・東南アジアや中東，欧州にも出店している。

以上は大手企業の大まかな紹介である。ただし，実際の食料品産業は中小零細規模の事業者が大半であることも指摘されており[28]，彼らの経営状況ないし事業をとりまく環境は大手企業とまったく異なることが予想される。

7．おわりに

フィリピンの食料品産業は，内需の拡大とともにある産業である。消費地は首都圏とその近隣州に集中しているが，生産地は自然環境などの地理

---

[26] San Miguel Corporation（2016）を参照。
[27] 1978年創業。同社のバーガーは，俗にフィリピン人のソウルフードともいわれている。
[28] Angeles（2015）によれば，99.6％が中小零細事業者である。

的条件，原材料確保の容易さ，消費地からの距離などのさまざまな要因で分散している。製造業があまり活発でない地方でも食料品企業は存在し，ビサヤやミンダナオも主要な産地であることが改めて確認された。経済成長とともに所得水準が向上すれば食料品の消費拡大が確実に見込まれるため，フィリピンの食料品産業は成長産業のひとつに挙げられよう。また，輸出が生産額の約1割であるという実態をふまえ，今後さらに輸出拡大を視野に入れた市場開拓を進めれば，産業としてさらなる発展も見込めるだろう。食料品産業の拡大と発展は，いまだ所得水準の低い人々が多く存在するビサヤやミンダナオの経済底上げをもたらす近道とも思われる。

　最後に，食料品産業に関するファインディングスを改めて指摘したい。第1に，第3節でふれたインフォーマルな事業者ないし従事者の多さである。彼らのすべてとはいわないまでも，大半の場合は小規模・零細事業者で商圏が狭く，非効率な生産・経営を行い，事業収入や労賃が低水準にあることが容易に想像できる。まずは，そうした事業者ないし従事者の実態を把握し，なぜ彼らがインフォーマルなのか，彼らをいかに包摂するか，そのためには何をどうすればよいのかなどを検討することが課題であるともいえるだろう。

　第2に，第5節でみてきたように，食料品産業の労働生産性は業種によって大きな差があり，一部の業種では低くかつ上昇傾向にあるとは必ずしもいえないことが確認された。産業としての労働生産性をいかに高めていくかも課題であろう。ただ，業種によって生産環境がちがうため，取り組み方はそれぞれである（Briones and Galang 2013; Angeles 2015; BOI 2015; Manalili et al. 2017）。第6節で紹介したような大手企業ならば技術的・金銭的にある程度自力で対応可能だと考えられるが，中小零細企業では困難である。組織化するなどして，関連する業界団体や金融機関，政府の支援などを受けやすくすることも考えられる。

　なお，本章ではこれまで踏み込んでこなかったが，食料品産業の枠を超えた取り組みも多方面から指摘されている。低価格で安全かつ安定した原材料の供給，インフラや物流網の整備（コールド・チェーンの拡充など），金融面での支援，生産工程に欠かせない安定した電気・浄水供給，食品基

準等の規制のあり方の見直し，通関の効率化など，俗にいうビジネス環境の改善である。とりわけ物流網の整備と効率化が進めば，生産地や消費地のさらなる広がりが見込める。また，農林水産業と強く関連する業種では，原材料の効率的な供給の必要性が指摘されている（Dy et al. 2011; Dy 2015; 2017）。こうした産業の枠を超えた課題の解決には，他産業の領域にまで踏み込むことになるため利害関係者が多くなり，そこに政治的な要素も加わって対応が複雑にもなる。最終的には食料品産業以外の分野も視野に入れた包括的な取り組みが必要となるだろう。

〔参考文献〕
（各URLの最終アクセス日：2018年11月1日）

〈日本語文献〉
日本貿易振興機構 2010.「食品産業進出可能性調査報告書　フィリピン共和国」日本貿易振興機構農林水産部.

〈外国語文献〉
Aldaba, Rafaelita M. 2014. "The Philippine Manufacturing Industry Roadmap: Agenda for New Industrial Policy, High Productivity Jobs, and Inclusive Growth," Discussion Paper Series No. 2014-32, Makati City: Philippine Institute for Development Studies (PIDS) (https://dirp3.pids.gov.ph/webportal/CDN/PUBLICATIONS/pidsdps1432.pdf).
Angeles, Judith P. 2015. "Processed Meat Industry: Roadmap Localization and AEC Game Plan (Region 3)," Board of Investments, Department of Trade and Industry (http://industry.gov.ph/wp-content/uploads/2015/10/Processed-Meat-Industry-by-Regional-Director-Judith-Angeles-DTI-III.pdf).
BOI (Board of Investments) 2015. "Industry Roadmaps and the AEC Gameplan: Processed Foods Industry (Processed Vegetables)," BOI-Resource-based Industries Service, BOI (http://www.industry.gov.ph/wp-content/uploads/2015/09/3_Investment_Opportunties-_Vegetable_Processing_-_CAR_26_May_2015.pdf).
Briones, Roehlano M. 2013. "Agriculture, Rural Employment, and Inclusive Growth," PIDS Discussion Paper No. 2013-39, Makati City: PIDS (http://icanig.org/ican/documents/AGRICULTURE-RURAL-EMPLOYMENT.pdf).
Briones, Roehlano M. and Ivory Myka R. Galang 2013. "Urgent: A road map for agro-

industrial development in the Philippines," Policy Notes No. 2013-06, Makati City: PIDS (https://dirp4.pids.gov.ph/webportal/CDN/PUBLICATIONS/pidspn1306_rev.pdf).

Business World 1997. *Top 1000 Corporations in the Philippines*, Quezon City: BusinessWorld Publishing Corporation.

—— 2016. *Top 1000 Corporations in the Philippines*, Quezon City: BusinessWorld Publishing Corporation.

De Dios, Loreli C. 1996. "Meat and Dairy Processing Industries: Impact of Trade Policies on Performance, Competitiveness and Structure," In *Catching Up with Asia's Tigers, Vol. II*, edited by Gwendolyn R.Tecson, Myrna S. Austria, Virginia S. Pineda, Loreli C. de Dios, Dennis D. Lapid, Ma. Cristina S. Medilo, Cesar P. Banzon, Frances Myra C. Trabajo, and Edwin Gil Q. Mendoza, Makati City: PIDS.

Duke University · USAID 2017. "The Philippines in Agribusiness Global Value Chains: An Introduction," Center on Globalization, Governance & Competitiveness, Duke University (http://industry.gov.ph/global-value-chain-studies).

Dy, Rolando T. 2015. *Agribusiness and Inclusive Growth: An Expert's Advocacy*, Pasig City: UA&P (University of Asia and Pacific).

Dy, Rolando T. 2017. *Agribusiness and Rural Progress*, Pasig City: UA&P.

Dy, Rolando T., Marie Annette Galvez-Dacul, Ditas R. Macabasco, Senen U. Reyes, Florence Mojica-Sevilla 2011. *The Business of Agribusiness: From the Roots to the Fruits*, Pasig City: UA&P.

Habito, Cielito F. 2017. "The Great Underground," Philippine Daily Inquirer, November 7, 2017 (http://opinion.inquirer.net/108507/the-great-underground).

Llanto, Gilberto M., Mercedita A. Sombilla, and Francis Mark A. Quimba 2012. "Interregional Trade of High-value Fruits and Vegetables: Issues on Transport and Shipping," Discussion Paper Series No. 2012-08, Makati City: PIDS (https://dirp4.pids.gov.ph/ris/dps/pidsdps1208.pdf).

Manalili, Nerlita M., Suzette Simondac, Imelda V. Valenton, Mara Michelle Q. Pangilinan 2017. "Scoping Study on 'Reducing Unnecessary Regulatory Burdens in the Philippine Food Manufacturing Industry'," Discussion Paper Series No. 2017-23, Quezon City: PIDS (https://pidswebs.pids.gov.ph/CDN/PUBLICATIONS/pidsdps1723.pdf).

Mercado-Aldaba, Rafaelita A. 2002. "The State of Competition in the Philippine Manufacturing Industry," In *Toward a National Competition Policy for the Philippines*, edited by Erlinda M. Medalla, Philippine APEC Study Center Network (PASCN) and PIDS.

Onuh, Willington O. 2006. "Empirical Analysis of Food Manufacturing Industry in the Philippines," V.R.F Series No. 411, Chiba: IDE-JETRO (Institute of Developing Economies Japan External Trade Organization) (http://www.ide.go.jp/library/English/Publish/Download/Vrf/pdf/411.pdf).

PSA (Philippine Statistics Authority) 1994. *Census of Establishments* (現*Census of Philippine Business and Industry: CPBI*), Quezon City: PSA.
―― 2006. *CPBI* (*Census of Philippine Business and Industry*), Quezon City: PSA.
―― 2012. *CPBI*, Quezon City: PSA.
―― 2015. *Census of Population*, Quezon City: PSA.
―― 2017. *Compilation of Industry Statistics on Labor and Employment*, Quezon City: PSA.
―― various issues. *ASPBI* (*Annual Survey of Philippine Business and Industry*), Quezon City: PSA.
―― various issues. *Family Income and Expenditure Survey*, Quezon City: PSA.
―― various issues. *Labor Force Survey*, Quezon City: PSA.
―― various issues. *National Accounts of the Philippines*, Quezon City: PSA.
San Miguel Corporation 2016. *Annual Report 2015*, Mandaluyong City: San Miguel Corporation (http://www.sanmiguel.com.ph/files/reports/SMC_AR2015_web_wm.pdf).
San Miguel Pure Foods Company Inc. 2016. *SMPFC 2015 Annual Report*, Pasig City: San Miguel Pure Foods Company Inc. (https://www.sanmiguelpurefoods.com/page/annual-reports).
Universal Robina Corporation 2016. *2015 Annual Report*, Quezon City: Universal Robina Corporation (http://www2.urc.com.ph/docs/2016-0328_urc-2015-ar.pdf).
World Bank 1985. *The Philippines Food Processing Sector: Development Potential and Constraints*, East Asia and Pacific Projects Department, Washington, D.C.: World Bank.

〈データベース〉
IHS Markit, Global Trade Atlas：https://www.gtis.com/English/GTIS.html

〈ウェブサイト〉
PSA (Philippine Statistics Authority)[フィリピン統計庁]：https://www.psa.gov.ph

第4章
卸売・小売業と運輸・倉庫業

鈴木　有理佳

1．はじめに

　フィリピンのサービス業のうち，最大の産業は卸売・小売業である。2016年の国内総生産（GDP）の18.3%[1]，全産業就業者の19.6%[2]を占めると推定され，約5人に1人が卸売・小売業で働いていることになる。本章ではこの卸売・小売業に加え，同産業とも関連が深く，就業者数では2番目に多い運輸・倉庫業についてもとりあげる[3]。運輸・倉庫業は，2016年にGDPの3.7%，全産業就業者の7.4%を占めている。両産業は内需とともに拡大し，サービス業のなかでも都市集中型産業とは異なり，全国で展開されている。

　両産業に関する調査研究は，そう多くはない。卸売・小売業に関しては，経営学的もしくは実務的な観点からのものや対象業種を絞ったもの（Digal 2001; Duenas-Caparas 2005），また，運輸・倉庫業に関しては一部の業種のみを対象としているもの（Austria 2002; Domingo, Briones and Gundaya 2015; Llanto, Basilio and Basilio 2005; Llanto and Navarro 2012）と，輸送イン

---

[1]　フィリピン統計庁（Philippine Statistics Authority: PSA）の国民所得統計（National Accounts of the Philippines）より算出。次に挙げる運輸・倉庫業に関する数値も同じ。
[2]　804万人。運輸・倉庫業は304万人。ともにPSA Labor Force Survey（2016）より算出。

フラの評価や整備に関する政策提言に焦点を当てた国際機関や援助機関等の報告書（ADB 2012; Barcenas et al. 2017; IDEA et al. 2016; JICA 2014; 2015; World Bank 2014）などがあるが，産業自体を俯瞰したものはほとんどみられない。

　そこで本章では，改めて両産業を俯瞰するための基礎的な情報や企業動向を整理・紹介し，これまでの産業の拡大に伴う変化の有無などをおおまかに確認する。その際，両産業がフィリピンの労働分野においてとりわけ大きな部分を占めていることから，労働生産性の変化にも注目し，卸売・小売業では労働生産性の上昇が顕著に観察されないこと，また，運輸・倉庫業では業種によって差があるものの，とくに陸運業の生産性が低調気味であることなどを提示する。なお，両産業のうちの一部業種には外資出資規制や登録免許制などの規制が存在し，それが産業の動向にも影響していると推察されるが，こうした制度面についてはまた別の機会に論じることとしたい。以下，第2節で卸売・小売業を，第3節で運輸・倉庫業をとりあげ，最終節で両産業のファインディングスを整理してまとめる。

2．卸売・小売業

2-1 概況

　卸売・小売業の内訳を国民所得統計で確認すると，2016年は小売業が78%，卸売業が19%であった[4]。また，労働力調査（PSA Labor Force Sur-

---

3）　本章では公式統計に依拠しているが，両産業の正確かつ詳細な把握に限界があることも指摘しておきたい。第1に，統計の一貫性に問題がある。公表までのタイムラグが長く，調査枠組みや産業分類の変更によって，中長期の時系列比較が困難である場合が多い。また，産業によっては事業者が少数のために特定されるという理由により数値が公表されず，地域別の比較が容易ではない場合もある。統計に関する説明は本書の「資料紹介と解説」を参照されたい。第2に，インフォーマル・セクターの存在である。第1章でもふれたが，本章でとりあげる両産業は，インフォーマル従事者の多いことが確認されている。

4）　残りは修理業。PSA National Accounts of the Philippines（2016）による。

vey) による業種別就業者では，小売業が86％を占める[5]。過去の統計をさかのぼっても，小売業が過半を占める状況は変わっていない。

業種別にもう少し詳しく示したものが表4-1である。参照した事業所調査PSA ASPBI (PSA Annual Survey of Philippine Business and Industry)

表4-1　卸売・小売業の内訳

	事業所数		従業者数		増加率(%)	総収入(2015年)		付加価値額(2015年)	
	2010年	2015年	2010年	2015年		(100万ペソ)	割合(%)	(100万ペソ)	割合(%)
卸売・小売業；自動車・オートバイ修理業	57,908	98,675	680,592	1,008,210	48	3,813,319	100.0	430,571	100.0
自動車・オートバイ卸売・小売業・修理業	6,285	12,015	64,702	113,784	76	445,625	11.7	48,058	11.2
卸売業	9,901	14,474	178,020	261,271	47	1,382,532	36.3	163,858	38.1
手数料制・契約制	432	359	4,926	4,601	-7	14,875	0.4	2,404	0.6
農産品原料・生き物	998	1,939	9,553	20,178	111	44,580	1.2	4,945	1.1
食料品・飲料・たばこ	1,629	2,884	37,856	62,069	64	346,711	9.1	34,017	7.9
家庭用品	2,744	3,987	57,654	80,830	40	401,306	10.5	49,094	11.4
機械器具・備品	1,671	1,986	32,061	42,066	31	186,555	4.9	25,733	6.0
その他の専門卸売業	2,374	3,247	35,326	50,346	43	384,334	10.1	47,127	10.9
非専門卸売業	53	72	644	1,181	83	4,172	0.1	538	0.1
小売業	41,722	72,184	417,869	633,093	52	1,985,062	52.1	218,637	50.8
非専門店（総合スーパーやデパートなど）	6,315	7,831	142,204	178,488	26	695,818	18.2	59,412	13.8
専門店／食料品・飲料・たばこ	3,257	8,805	18,117	41,473	129	63,383	1.7	7,924	1.8
専門店／自動車燃料	1,882	3,926	28,786	42,550	48	275,612	7.2	26,377	6.1
専門店／情報通信機器	2,494	4,948	20,279	33,351	64	101,656	2.7	9,192	2.1
専門店／その他の家庭用機器等	8,847	13,367	83,196	130,936	57	349,993	9.2	47,299	11.0
専門店／文化・娯楽用品	2,190	2,901	17,628	22,761	29	38,886	1.0	6,230	1.4
専門店／その他商品	16,570	29,984	106,386	180,911	70	453,459	11.9	61,234	14.2
店舗，露店または市場によらない小売業	167	422	1,273	2,623	106	6,255	0.2	971	0.2

（出所）　PSA ASPBI（2010; 2015）より筆者作成。

---

5) PSA Labor Force Survey（2016）より。

は，把握可能な直近の年次が2015年であり，比較のために同一の産業分類を採用し始めた2010年を掲載した。従業者数が2010年以降に2倍以上になった業種は，卸売業では「農産品原料・生き物」，小売業では「専門店／食料品・飲料・たばこ」に加えて，「店舗，露店または市場によらない小売業」（電子商取引など）である。いずれも総収入や付加価値額は小さいが，前2業種は食料品需要の拡大によるもの，後者の「店舗，露店または市場によらない小売業」は電子商取引が都市部を中心に徐々に浸透してきたことが増加の背景にあると考えられる。また，総収入や付加価値額の規模が大きい業種は，「自動車・オートバイ卸売・小売業・修理業」と卸売業の「家庭用品」，そして総合スーパーやデパートを含む小売業の「非専門店」と，衣服・履物や医薬品等の生活用品を扱う「専門店／その他商品」であることが確認できる。生活に密着した商品を扱う卸売・小売業が目立つ。

　なお，表4-1の従業者数と付加価値額は，前述の労働力調査や国民所得統計で示したものとの不整合がみられるが，これは統計の性質や算出・推計方法のちがいによるものである[6]。第1章でも指摘したように，労働力調査の就業者数と表4-1の事業所調査の従業者数の差は「インフォーマル」[7]な従事者と推測され，算出によると卸売・小売業におけるこのインフォーマル従事者は農林水産業の次に多いと推定される[8]。単にインフォーマル従事者といってもその実態は一様ではないであろうが，調査や統計によって補捉困難な者が非常に多いと推定されることこそが，卸売・小売業の大きな特徴であるともいえるだろう。

　卸売・小売業は地域的に分散している。図4-1は2016年の同産業の域内総生産（付加価値額）と就業者の地域分布を示したものである。参照のため，2015年の人口分布も掲載した。域内総生産は首都圏の割合が高いが，

6）　労働力調査は世帯が調査対象であるのに対し，事業所調査は事業会計と家計が分離されているフォーマル・セクターの事業所が調査対象である。また，付加価値額について，国民所得統計は産業連関やインフォーマル・セクターを考慮して推計しているのに対し，事業所調査は該当産業の総収入に資本的支出や在庫変動を足し合わせ，原材料や経費などの中間費用を差し引いた額を算出している。

第1章で確認したサービス業全体の首都圏集中型に比べれば，より分散傾向にあることが確認できよう。

卸売・小売業をそれぞれ業種別に分類し，その売上高の地域別割合を示したものが図4-2（卸売業）と図4-3（小売業）である（直近の統計は現

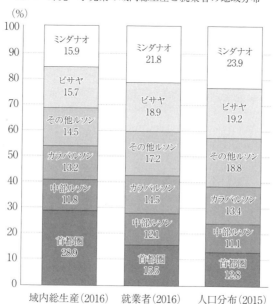

図4-1　卸売・小売業の域内総生産と就業者の地域分布

（出所）　PSA Gross Regional Domestic Products (2016), PSA Labor Force Survey (2016; 2015), Population Census より筆者作成。

---

7)　この場合の「インフォーマル」とは，PSAの事業所調査の定義に準じ，事業会計と家計が分離していない場合を指す。

8)　PSAの労働力調査の就業者数と事業所調査の従業者数の差を算出すると，2014年は約627万人で，農林水産業も含むインフォーマル従事者全体の約19％に相当する。ちなみに，PSAが2008年に実施したインフォーマル・セクター調査によれば，インフォーマル従事者1045万人の産業内訳は，農林水産業が48％，つづいて卸売・小売業が30％，運輸・倉庫・通信業が10％であると推定されている（https://psa.gov.ph/content/informal-sector-operators-counted-105-million-results-2008-informal-sector-survey　2018年10月31日最終アクセス）。

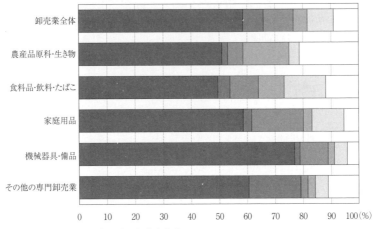

図4-2 2012年卸売業の業種別売上高（地域別割合）

（出所）PSA CPBI（2012）より筆者作成。

時点で2012年）。図4-2の卸売業は，総じて首都圏の割合が高いことが把握できる。ただし，扱う品目によって地域差があり，農産品や食料品は生産地でもあるミンダナオ[9]やビサヤ[10]の割合も高くなっている。機械器具類は首都圏の割合が圧倒的に高いが，これは国際貿易港があり，近郊に製造業中心の経済特区も存在していることが背景にあると考えられる。図4-3の小売業は，卸売業に比べてより地域的に分散しているが，扱う品目によっては地域差もみられる。自動車燃料では中部ルソン地方やカラバルソン地方も約2割を占めているが，これは自動車の普及によるものであろう。情報通信機器は首都圏での売り上げが多いが，ミンダナオも2割を占めることが観察できる。同様に，「店舗，露店または市場によらない小売業」（電子商取引など）も首都圏の売り上げが過半だが，ビサヤも2割超を占めている。経済水準が相対的に低く，情報通信機器の売り上げに占める割合も小さい地域におけるこの事象は興味深いが，その背景は現時点で

---

9) ミンダナオはサンボアンガ半島，北部ミンダナオ地方，ダバオ地方，ソクサージェン地方，カラガ地方，ムスリム・ミンダナオ自治地域を指す。
10) ビサヤは西部ビサヤ地方，中部ビサヤ地方，東部ビサヤ地方を指す。

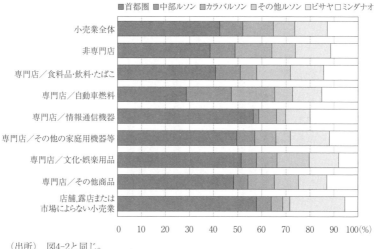

図4-3　2012年小売業の項目別売上高（地域別割合）

（出所）　図4-2と同じ。

は明確ではない。2012年調査時点のみの事象なのか，統計分類上あるいはほかの特別な理由によるものか，今後公表される詳細な統計やほかの情報とも照らし合わせて，詳しく確認する必要があるだろう。

2-2　労働生産性

事業所調査に基づいて卸売・小売業の労働生産性（1人当たり付加価値額の実質値）[11]の推移を確認したものが図4-4である。調査枠組みの一貫性により，2006年以降での比較となる。それによれば，卸売業と小売業の労働生産性は，フィリピン全産業のそれよりつねに低いことがわかる。また，年度によって増減はあるものの，過去10年間の労働生産性は両産業ともほとんど上昇していないことがわかる。

なお，図表を掲載していないが，それぞれ業種別に確認すると，業種によって労働生産性に差があり，前項で従業者数の急増が確認された卸売業

11）　2000年を基準とするGDPデフレーターの，「卸売業」と「小売業」をそれぞれ使用して実質値を算出した。

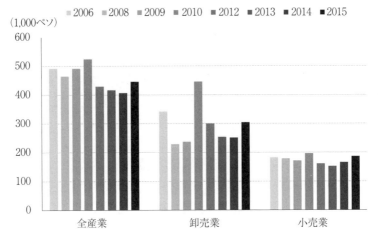

図4-4 卸売・小売業の労働生産性（実質値）

（出所） PSA ASPBI（各年版），PSA CPBI（2006; 2012）より筆者作成。
（注） 自動車・オートバイ卸売・小売業・修理業は割愛した。欠落している年には調査が実施されていない。労働生産性は1人当たり付加価値額で，2000年を基準とした各産業のGDPデフレーターを用いて調整した実質値。

の「農産品原料・生き物」や小売業の「専門店／食料品・飲料・たばこ」は非常に低い。加えて，2010年から2015年のあいだで，労働生産性が若干上昇している業種がいくつかあるものの，下落した業種の方が多かった。

　内需とともに拡大している卸売・小売業は，フィリピン経済のなかでも従業者数が多く，また前項で示したように，一部の業種では急速に拡大している。しかしながら，ここまで確認してきたように，事業所調査で捕捉される「フォーマル」な事業者における労働生産性はほとんど上昇していない。すなわち，フィリピンの卸売・小売業は内需の拡大にまかせて規模のみ拡大してきた産業だといえそうである。非常に多いと推測されるインフォーマル従事者までも考慮すると，表面的にはより包摂的な産業でありながら，実際には同産業で生計を立てている人々の所得水準の向上に，それほど寄与してこなかった産業であるといってもよいのではないだろうか。

表4-2 上位1000社に占める卸売・小売企業

	2015年			1996年		
	企業数	総収益(100万ペソ)	(%)	企業数	総収益(100万ペソ)	(%)
上位1000社	1,000	9,474,501	100.0	1,000	2,049,440	100.0
卸売・小売；自動車・オートバイ修理業	244	1,900,469	20.1	222	299,226	14.6
自動車・オートバイ卸売・小売業および修理業	44	237,700	2.5	38	51,152	2.5
卸売業（自動車およびオートバイ除く）	103	640,066	6.8	104	128,002	6.2
小売業（自動車およびオートバイ除く）	97	1,022,702	10.8	80	120,073	5.9

(出所) Business World (1997; 2016) より筆者作成。
(注) 1996年の産業分類は2015年と異なるため，下位業種を確認のうえ2015年の分類にあわせて修正済み。

2-3 企業動向

表4-2は，BusinessWorld紙の企業ランキングより，総収益で上位1000社に入る卸売・小売企業を確認したものである。2015年の上位1000社の総収益のうち，卸売・小売企業は約20％を占め，企業数も多い。1996年と比べて企業数と総収益の割合はともに増加し，とりわけ小売業の拡大が目立つ。また表4-2をもとに1社当たりの平均的な総収益規模を算出すると，卸売業よりも小売業の方が大きいことがわかる。

これら企業のうち，上位100社に入る企業19社をリストしたものが表4-3である。卸売業の上位には，医薬品を扱うZuellig Pharma Corp.（19位），家庭用品を扱うProcter & Gamble Distributing (Philippines), Inc.（40位），電子・電気機器を扱うSamsung Electronics Philippines Corporation（50位），自動車販売のFord Group Philippines, Inc.（56位）など多国籍企業が上位に入っており，表4-3には掲載していない1000位までの企業を含めると，収益規模では外資系企業が優勢であることがわかる[12]。

その一方で，小売業の代表的な企業は地場資本が多くなる。最も有名な

表4-3 代表的な卸売・小売業企業

	順位	企業名	総収益 (100万ペソ)	おもな業種・製品	おもな出資国もしくは 親会社・所属グループ
卸売	19	Zuellig Pharma Corp.	55,874	医薬品	フィリピン／Zuellig Corp. (創業者の出自はスイス)
	40	Procter & Gamble Distributing (Phils), Inc.	39,513	家庭用品	アメリカ
	50	Samsung Electronics Philippines Corp.	33,234	電子・電気通信機器および部品	韓国
	56	Ford Group Philippines, Inc.	28,146	自動車	アメリカ
	75	Suy Sing Commercial Corp.	23,939	食料品や家庭用品	フィリピン
	80	Metro Drug, Inc.	23,449	医薬品	フィリピン／Zuellig Corp. (創業者の出自はスイス)
小売	8	Mercury Drug Corp.	112,783	医薬品	フィリピン
	15	Puregold Price Club, Inc.	76,851	食料品／スーパーマーケット	フィリピン／上場
	23	Chevron Philippines, Inc.	52,489	自動車燃料	アメリカ
	29	Supervalue, Inc.	45,764	食料品／スーパーマーケット	フィリピン／SM Retail, Inc. (SMグループ)
	32	Robinsons Supermarket Corp.	42,121	食料品／スーパーマーケット	フィリピン／Robinsons Retail Holdings, Inc.（ゴコンウェイ）
	43	Sanford Marketing Corp.	36,623	食料品／スーパーマーケット	フィリピン／SM Retail, Inc. (SMグループ)
	48	Super Shopping Market, Inc.	33,743	食料品／スーパーマーケット	フィリピン／SM Retail, Inc. (SMグループ)
	53	Seaoil Philippines, Inc.	31,858	自動車燃料	フィリピン
	60	PHOENIX Petroleum Philippines, Inc.	27,496	自動車燃料	フィリピン／上場
	67	Philippine Seven Corp.	25,860	食料品／コンビニエンスストア	台湾／上場
	85	Rustan Supercenters, Inc.	22,429	食料品／スーパーマーケット	フィリピン
	89	Watsons Personal Cares Stores (Phils), Inc.	22,034	医薬品	香港・フィリピン／SM Retail, Inc. (SMグループ)
	91	Unioil Petroleum Philippines, Inc.	21,671	自動車燃料	フィリピン
		合計	755,877		

(出所) Business World (2016) より筆者作成。
(注) 上位100社に入る卸売・小売業企業のみをリストした。

のはシー（Sy）一族が所有経営するSMグループで，1958年に靴の販売店から始まり，今日では小売業のみならず，銀行や不動産事業も行う多角化した大手企業グループに成長した。表4-3でもみられるように，傘下にある複数の小売企業が上位に名を連ねている[13]。同グループにおける小売業全体の収益は2015年に2146億ペソで，現在もグループの中核事業のひとつである[14]。小売店舗は全国で展開しているが，店舗数が集中しているのは首都圏をはじめとするルソンである。2015年時点の小売店舗数は首都圏に109店，首都圏除くルソンに151店，ビサヤに35店，ミンダナオに15店で[15]，いずれの地域でも代表的な都市に出店している。また，好調な消費に後押しされ，2016年以降は首都圏以外でも積極的な出店を予定している（SM Investments Corporation 2016）。

同じく上位100社に名を連ねるピュアゴールド・プライス・クラブ（Puregold Price Club, Inc.）は，1998年にスーパーマーケット1号店を開店した新興企業である。その後，順調に事業拡大を続け，スーパーマーケット以外の小売業も加えたグループ全体の収益は2015年に1001億ペソとなった（Puregold Price Club, Inc. 2015）。小売店舗数は，首都圏に120店，首都圏除くルソンに145店，ビサヤに8店，ミンダナオに9店である。上記SMグループと同様に全国展開しつつも，やはりルソンに集中している。

以上，2グループの事例を紹介したが，いずれも創業が首都圏で，上位1000社に入る大手企業グループということもあり，出店先が一大消費地である首都圏やルソンに偏る傾向があることは否めない。ただし，Busi-

---

12) 上位1000社ランキングでは企業単体ごとに掲載している。フォード車の販売はFord Group Philippines, Inc.に集約されているのに対し，トヨタ車の販売は複数の企業が行っており，それら販社を合算すればFord Group Philippines, Inc.の総収益を超える。
13) SMグループは経営コンセプトで事業ごと（たとえば，主力販売商品やフランチャイズ名）の分社化を推進しているため，複数の系列企業が同じ業種内にランキングしている。
14) 同グループの詳細はSM Investments Corporation（2015）による。
15) スーパーマーケット以外に，非食品の専門店も含む。その後，2016年にSM Retail, Inc.が出資先の複数の専門店を吸収合併して拡大したため，傘下店舗数が各段に増えている。

nessWorld紙のTop 1000にはランキングされない経営規模ではあるものの，ルソン以外の地方を本拠地とする卸売・小売業の中小企業グループも存在している。

　ところで，このような大手企業グループが展開するスーパーマーケットやショッピング・モールなどの大型・近代的店舗は，基本的にフィリピンの中間・富裕層が買い物や外食をする場所である。上述した小売大手には，ターゲット層の異なる複数のスーパーマーケット・チェーンを展開する企業もあり，大都市では少しずつ低所得層にも浸透するようになっているものの，都市部ないし地方の低所得層は一般的に「ウェット・マーケット」(wet market) で生鮮品等を，そして「パレンケ」(palengke) と呼ばれる公設市場で食料品や衣服，雑貨等を購入する傾向にある。また，自宅の近所にあるサリサリ・ストア[16]でも食料品や日用品等を購入する（Digal 2001; Duenas-Caparas 2005）。小売業の業態や展開のあり方は，地域格差や所得格差にも影響されている。

3．運輸・倉庫業

　本節では，産業としての運輸・倉庫業に焦点を当て，輸送ネットワークのあり方や道路・港湾・空港建設ないし施設のクオリティ等に関する議論とは切り離して論じる。本章の冒頭でも挙げたように，上記を論点とするものには援助機関等による報告書などがある（ADB 2012; World Bank 2014; JICA 2014; 2015, IDEA et al. 2016）。

3-1　概況

　運輸・倉庫業を大きく 4 業種にわけ，その規模を国民所得統計によって確認したものが図 4-5 である。2016年では約56％を占める「陸運業」が

---

[16]　家庭用品や食品等を小分けで販売する，"よろずや"のような非常に小さな店舗。近隣住民や常連はツケで購入することもある。

最も大きく，次いで「倉庫業・運輸支援活動」が約23％，「航空運送業」が約16％，「水運業」が約5％となる。1998年と比較すると「航空運送業」と「倉庫業・運輸支援活動」の割合が増加した。労働力調査によれば，就業者の約90％が「陸運業」に従事していると推定される。

前節の卸売・小売業と同じく事業所調査のデータと表示形式を用い，運輸・倉庫業の状況についてより詳細に示したものが表4-4である。ここでも統計の都合上，従業者数や付加価値額が労働力調査や国民所得統計の数値と整合的ではないことに留意されたい[17]。そのうえで表4-4によれば，2015年の事業所数は2006年に比べて減少しているが，「運輸支援活動」

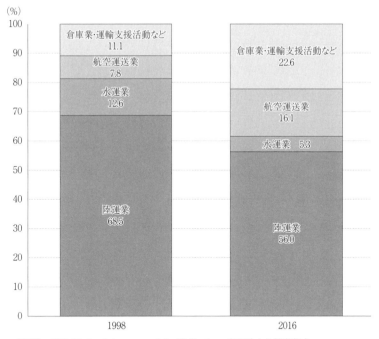

図4-5　運輸・倉庫業の内訳

（出所）　PSA National Accounts of the Philippines (2016)より筆者作成。

17）　理由は（注6）に同じ。

が全体の約半分を占める状況に変化がないことがわかる。他方で，従業者数はごく一部の業種を除き増加している。従業者数が最も多いのは「運輸支援活動」で，次に「都市・郊外の旅客陸運業」（バス）と「道路貨物運送業」（トラック）の陸運2業種が続いている。ただし，2006年と比較した従業者数の増加率は「倉庫・保管業」が最も大きく，10年間で急速に拡大していると考えられる。総収入と付加価値額は，いずれも「運輸支援活動」が最も大きく，次に「航空運送業」が続いている。

前節で指摘したのと同様に，運輸・倉庫業でも事業所調査によって補捉されない「インフォーマル」従事者が多いと推定されている。その規模は卸売・小売業に次いで多く，そのうちのほとんどが陸運業に従事している[18]。把握困難なインフォーマルな事業もしくは労働によって生計を立てている

表4-4 運輸・倉庫業の業種別実態

	事業所数		従業者数			総収入 (2015年)		付加価値額 (2015年)	
	2006年	2015年	2006年	2015年	増加率(%)	(100万ペソ)	割合(%)	(100万ペソ)	割合(%)
鉄道運送業	3	3	3,688	3,031	-17.8	4,060	0.7	-3,346	-1.7
都市・郊外の旅客陸運業	281	283	25,185	33,389	32.6	24,083	4.3	11,738	6.0
その他の旅客陸運業	126	174	3,097	5,509	77.9	4,236	0.8	2,085	1.1
道路貨物運送業	621	559	13,148	20,750	57.8	18,892	3.4	7,010	3.6
海洋・沿海海運業	97	167	11,751	19,033	62.0	60,125	10.7	28,793	14.6
内陸水運業	90	13	1,005	264	-73.7	171	0.0	37	0.0
航空運送業	15	21	10,594	9,819	-7.3	183,774	32.9	41,829	21.2
倉庫・保管業	176	123	3,879	9,339	140.8	16,619	3.0	6,034	3.1
運輸支援活動	1,383	1,218	44,752	63,380	41.6	247,398	44.2	102,979	52.2
合計	2,792	2,561	117,099	164,514	40.5	559,358	100.0	197,159	100.0

（出所）PSA ASPBI (2015), PSA CPBI (2006)より筆者作成。

18）（注8）と同様，この場合のインフォーマル従事者もPSAの労働力調査の就業者数と事業所調査の従業者数の差を算出したものである。2014年は約253万人で，インフォーマル従事者全体の約8％に相当する。そのうち，陸運業は9割以上と推定される。

人々が多く存在するのも，この産業の特徴のひとつである。

3-2 労働生産性

上記4業種のさらに下位業種について，労働生産性（1人当たりの付加価値額の実質値）の推移を示したものが図4-6である[19]。業種によってその差が非常に大きいことが確認できる。前出の図4-4でフィリピン全産業の労働生産性を示したが，それと比較すると，陸運3業種と内陸水運業でとりわけ低いことがわかる。時系列でみていくと，「都市・郊外の旅客陸運業」（バス）と「道路貨物運送業」（トラック）は2006年に比べると若

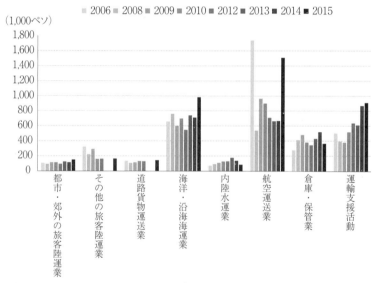

図4-6　運輸・倉庫業の生産性推移

(出所) PSA ASPBIおよびPSA CPBIの各年版より筆者作成。
(注) 生産性は1人当たり実質付加価値額（2000年を基準とした実質値）。鉄道運送業は公表数値に一貫性がないため割愛した。2013年と2014年の「その他の旅客陸運業」と「道路貨物運送業」は，産業分類5桁レベルが未発表のため現時点では欠落。

---

19) 鉄道輸送業は付加価値額がマイナスの年度があるため，図4-6では割愛した。

干上昇しているようだが,「その他の旅客陸運業」(公共交通車両など)[20]は停滞気味である。他方で,「海洋・沿海海運業」の生産性は増減を繰り返しつつも直近では大きく上昇している。「航空運送業」は2000年代終盤から2010年代前半にかけて停滞したが,労働生産性は総じて高い。「運輸支援活動」は明らかな上昇傾向にあり,「倉庫・保管業」も増減はあるが,2006年と2015年を比べるとわずかながら上昇している。後者3業種は,陸運および水運業に比べて各期の投資額が大きく,それが労働生産性の上昇に結びついているものと推察される[21]。

3-3 企業動向

運輸・倉庫業の企業動向も簡潔に確認しておこう。表4-5は,卸売・小売業と同じく総収益上位1000社に占める運輸・倉庫企業の状況である。1996年と2015年を比較すると,「航空運送業」と「倉庫業・運輸支援活動等」の企業数と総収益が急増しているのに対し,「陸運業」と「水運業」は減少していることが確認できる。「倉庫業・運輸支援活動等」では,港

表4-5 上位1000社に占める運輸・倉庫企業

	2015年			1996年		
	企業数	総収益		企業数	総収益	
		(100万ペソ)	(％)		(100万ペソ)	(％)
上位1000社	1,000	9,474,501	100.0	1,000	2,049,440	100.0
運輸・倉庫業	41	373,217	3.9	26	63,149	3.1
陸運業	1	4,047	0.0	7	4,469	0.2
水運業	7	34,961	0.4	10	16,615	0.8
航空運送業	10	204,582	2.2	6	36,724	1.8
倉庫業・運輸支援活動等	23	129,627	1.4	3	5,341	0.3

(出所) Business World (1997; 2016)より筆者作成。
(注) 1996年データは2015年の産業分類にあわせて修正。

---

20) ジプニーや乗り合いタクシー,一般タクシー,レンタカーなどを含む。
21) 投資額は総固定資産増を指す。事業所調査で増減の確認が可能。

湾サービスや貨物運送サービス[22]，それに高速道路管理会社などが上位企業の仲間入りをするようになった。市場への参入と積極的な投資拡大をうかがうことができ，それが前述の図4-6で確認した生産性上昇の背景にあるともいえるだろう。

　なお，ここまで本章前半の卸売・小売業と後半の運輸・倉庫業を，とくに関連づけずに述べてきたが，両産業が密接に関係していることは容易に想像できる。全国展開する小売企業にとって，運輸・倉庫業の効率性は小売業のあり方にも大きく影響しよう。経済の好調が続き，緩やかとはいえ地方でも購買力が上昇してきたフィリピンにおいて，小売業の拡大は今後も見込まれる。小売業を後押しし，かつそこに商機を見出すような動きとして，最近では大手企業グループによる国内ロジスティクス企業への出資ならびに買収，そしてロジスティクス企業どうしの再編などが相次いでみられるようになっている。たとえば，前節でも紹介した小売大手のSMグループは2016年，ロジスティクス大手2GO Group（2GO Group Incorporated）の親企業に資本参加した。地方展開する店舗に商品を効率よく配送することに加え，今後拡大が見込まれる電子商取引に対応するためでもあるという[23]。インフラ関連事業や通信事業を傘下に抱えるメトロ・パシフィック・インベストメンツ（Metro Pacific Investments Corporation: MPIC）も同じ2016年に，複数の小規模な地場ロジスティクス企業を買収することで参入した。MPIC自体は卸売・小売業に直接関与していないが，電子商取引の拡大が見込めるとして，今後もロジスティクス事業を強化する意向である[24]。このように，大手企業グループがロジスティクスを傘下に収めつつあり，彼らはその資本力によって事業を効率化させ，グループ内の他事業との相乗効果を発揮させることができるだろう。しかしフィリピンでは，海運業や通信業などにおける寡占化が公共の利益を阻害しているとい

22）　DHLや日本通運など，外資系企業が複数含まれている。
23）　Rappler, 2017年4月4日付（https://www.rappler.com/business/166034-sm-investments-2go-acquisition　2018年10月31日最終アクセス）。
24）　BusinessWorld, 2018年1月19日付（http://bworldonline.com/mpic-targets-acquire-least-2-logistics-companies　2018年10月31日最終アクセス）。

う指摘もあり，同様の現象がロジスティクスで起きないとも限らない。ロジスティクスの寡占化が進むかどうか，新たに参入した大手企業がグループ外の一般事業者にも公平にサービスを提供するかどうか，そして真に公共の利益をもたらせるかどうかが，将来的な焦点になるとも予想される。

4．おわりに

　本章では，公式統計に依拠して，卸売・小売業と運輸・倉庫業の全容についておおまかに確認してきた。最後に，両産業のファインディングスを改めて整理して結びとしたい。
　第1に，両産業は共通して「インフォーマル」事業者ないし従事者が非常に多く，とくに小売業と陸運業に多いと推定されることである。彼らは少ない元手で身近なところから商売を始め，もしくは仕事をみつけて生計を立てており，事業収入や労賃は低いと推察される。まずはその実態をより正確に把握し，彼らが同じ産業内にとどまるか否かにかかわらず，いかに彼らの事業収入や労賃を引き上げるかが，両産業の包摂性を考慮したときの課題であろう。ただし，これは両産業に限ったことではなく，第1章でも述べたように，雇用創出が不十分とされるフィリピン経済全体の課題でもある。
　第2に，内需拡大とともにヒトやモノの輸送量は増加しているが，輸送と販売にかかわる卸売・小売・運輸業従事者の労働生産性が一部の業種を除いて低くかつ上昇傾向にないため，それが両産業にかかわる人々の所得水準の向上に寄与していないであろうと推察されることである。加えて，ヒトの移動やモノの輸送が非効率な状態にあるため，両産業の効率性をより高めることが課題となる。業態や企業規模によっても事情は異なるが，たとえば本章の企業動向で紹介したような大手企業グループの小売事業者などは，小規模・零細事業者よりも一般的に生産性が高く，IT技術の導入による物品や在庫の集中管理などによって，さらに労働生産性を高めることが可能であろう。問題は，単独で対処する余裕のない小規模・零細小

売業者である。フィリピンは所得格差が大きいために，都市部や地方を問わず低所得層向けの小規模・零細小売業者が多数存在するが，それら事業者のすべてが今後，近代的で大型なスーパーマーケットにとって代わられるとは考えにくい。また，食料品や日用品などの生産市場が寡占化しているため，商品を仕入れる側である小規模・零細小売業者の価格交渉力は小さく，加えて，地方では交通インフラが不十分であるため，農産品や食料品を届ける仲買人が価格交渉の際に有利となり，小規模・零細小売業者側が不利な立場におかれているという指摘もある（Digal 2001; Duenas-Caparas 2005）。産業・企業独自の対応が困難な構造的な問題も存在する。

そして第3に，両産業とりわけ運輸・倉庫業の生産性向上にかかわる事業環境改善の一環として，ハード面のインフラ整備も含めた輸送システム全般の向上が課題であることはいうまでもない。この点について本章ではとりあげてこなかったが，そもそもフィリピンの輸送インフラに関する評価は低い。世界経済フォーラムの2017-2018 国際競争力レポート（The Global Competitiveness Report）によるインフラ部門のランキングでは，インフラ総合が137カ国中113位と東南アジア7カ国中[25]，最低であった。部門別では，道路が104位，鉄道が91位，港湾が114位，航空輸送が124位で，道路と航空輸送は上記7カ国中，最も低かった。また，世界銀行の2016年ロジスティクス・パフォーマンス指数（Logistics Performance Index）のランキングでも160カ国中71位で[26]，2010年の44位，2012年の52位，2014年の57位から順位をさらに下げており，改善がみられない。輸送インフラの悪さの背景には，当局による実態把握の不十分さに加え，包括的運輸政策とそれを実施する司令塔の欠如があると長らく指摘されてきた（IDEA et al. 2016）。国内でも輸送インフラの物理的拡充や質的向上を求める声は強くなっており，現ロドリゴ・ドゥテルテ政権は未熟なインフラが投資拡大や経済成長の障害になっているという認識のもと，インフラ整備に注力することを約束している。そしてそのための第一歩として2017年9月，運輸

---

25) フィリピン以外に，マレーシア，タイ，インドネシア，ベトナム，カンボジア，ラオス。
26) フィリピンより下位にカンボジア73位，ラオス152位。

システムに関するビジョンや今後の方針を示した「国家運輸政策」（National Transport Policy）[27] を採択した。同ビジョンに基づく「フィリピン運輸システム・マスタープラン」の策定も計画されており，ようやく本格的な取り組みが開始されるようである。今後は，こうした取り組みの迅速かつ具体的な成果が期待される。

〔参考文献〕
（各URLの最終アクセス日：2018年11月3日）

〈外国語文献〉

ADB (Asian Development Bank) 2012. "Philippines: Transport Sector Assessment, Strategy, and Road Map," Mandaluyong City: ADB (https://www.adb.org/sites/default/files/institutional-document/33700/files/philippines-transport-assessment.pdf).

Austria, Myrna S. 2002. "The State of Competition and Market Structure of the Philippine Air Transport Industry," In *Toward a National Competition Policy for the Philippines*, edited by Erlinda M. Medalla, Makati City: Philippine APEC Study Center Network and PIDS (Philippine Institute for Development Studies).

Barcenas, Lai-Lynn A. B., Glenda T. Reyes, Jose L. Tongzon, and Ramonette B. Serafica 2017. "Regulatory Measures Affecting Services Trade and Investment: Distribution, Multimodal Transport, and Logistics Services," Discussion Paper Series No. 2017-40, Quezon City: PIDS (https://pidswebs.pids.gov.ph/CDN/PUBLICATIONS/pidsdps1740.pdf).

Business World 1997. *Top 1000 Corporations in the Philippines*, Quezon City: BusinessWorld Publishing Corporation.

―― 2016. *Top 1000 Corporations in the Philippines*, Quezon City: BusinessWorld Publishing Corporation.

Digal, Larry N. 2001. "An Analysis of the Structure of the Philippine Retail Food

---

27) 国家経済開発庁理事会決議（NEDA 2017）。政策ビジョンとして，「人々の生活の質を高めるような，安心安全で，確実かつ効率的で，統合的かつインターモーダル，手ごろで費用効果的な，環境的に持続可能で人間優先の国家運輸システム（の構築）」が提示され，とくに考慮すべき点として，①財源や費用分担，②プログラムやプロジェクトの選別，③費用回収や補助金，④旅客輸送サービス規制，⑤都市と地方間の運輸マネジメント，⑥経済の他部門との連携，⑦ガバナンスと制度のあり方を挙げている。

Industry," *Philippine Journal of Development* Number 51, XXVIII (1): 13-54 (https://dirp3.pids.gov.ph/ris/pjd/pidspjd01-1retailfood.pdf).

Domingo, Sonny N., Roehlano M. Briones and Debbie Gundaya 2015. "Diagnostic Report on the Bus Transport Sector," Discussion Paper Series No. 2015-02, Makati City: PIDS (https://dirp3.pids.gov.ph/webportal/CDN/PUBLICATIONS/pidsdps1502.pdf).

Duenas-Caparas, M. Teresa 2005. "State of Competition in the Wholesale and Retail Sector," Discussion Paper Series No. 2005-05, Makati City: PIDS (https://dirp4.pids.gov.ph/ris/dps/pidsdps0505.pd).

IDEA (Institute for Development and Econometric Analysis) Philippine International Seafreight Forwarders Association United Portusers Confederation PortCalls 2016. "The Philippine Multimodal Transportation and Logistics Industry Roadmap," IDEA, Philippine International Seafreight Forwarders Association, United Portusers Confederation, and PortCalls.

JICA (Japan International Cooperation Agency) 2014. "Roadmap for Transport Infrastructure Development for Metro Manila and ITS Surrounding Areas (Region III & Region IV-A), Final Report," JICA and NEDA (National Economic Development Authority), Almec Corporation.

—— 2015. "The Project for Capacity Development on Transportation Planning and Database Management in the Republic of the Philippines," JICA and DOTC (Department of Transportation and Communication), Almec Corporation, Oriental Cunsultants Global Co., Ltd.

Llanto, Gilberto M., Enrico L. Basilio and Leilanie Basilio 2005. "Competition Policy and Regulation in Ports and Shipping," Discussion Paper Series No. 2005-02, Quezon City: PIDS (https://dirp4.pids.gov.ph/ris/dps/pidsdps0502.pdf).

Llanto, Gilberto M. and Adoracion M. Navarro 2012. "The Impact of Trade Liberalization and Economic Integration on the Logistics Industry: Maritime Transport and Freight Forwarders," Discussion Paper Series No. 2012-19, Quezon City: PIDS (https://dirp3.pids.gov.ph/webportal/CDN/PUBLICATIONS/pidspjd12-logistics.pdf).

NEDA (National Economic Development Authority) 2017. "Approving the National Transport Policy," NEDA Board Resolution No. 5 (s. 2017), Mandaluyong City: NEDA (http://www.neda.gov.ph/wp-content/uploads/2018/02/NTP.pdf&hl=en_US).

PSA (Philippine Statistics Authority) various issues. *ASPBI (Annual Survey of Philippine Business and Industry*. |日*Annual Survey of Establishments*), Quezon City: PSA.

—— various issues. CPBI (*Census of Philippine Business and Industry*. |日*Census of Establishments*), Quezon City: PSA.

—— various issues. *Commodity Flow in the Philippines*, Quezon City: PSA.

various issues. *Gross Regional Domestic Products*, Quezon City: PSA.
　　　　various issues. *Labor Force Survey*, Quezon City: PSA.
　　　　various issues. *National Accounts of the Philippines*, Quezon City: PSA.
　　　　various issues. *Philippine Statistical Yearbook*, Quezon City: PSA.
Puregold Price Club, Inc. 2015. *Annual Report*, Manila City: Puregold Price Club, Inc. (http://35.198.253.209/wp-content/pgold-data/Investor%20Relations/ARandAFS/AnnualReportandAuditedFinancialStatements2015.pdf).
SM Investments Corporation 2015. *SMIC Annual Report*, Pasay City: SM Investments Corporation (https://www.sminvestments.com/investor-relations/annual-reports).
　　　　2016. *SMIC Annual Report*, Pasay City: SM Investments Corporation (https://www.sminvestments.com/investor-relations/annual-reports).
World Bank 2014. "Philippine Transport Infrastructure Development Framework Plan: Executive Summary," Washington, D.C.: World Bank Group (http://documents.worldbank.org/curated/en/112721468190438604/pdf/97827-v1-WP-P145329-Box391494B-OUO-9.pdf).

〈ウェブサイト〉
PSA（Philippine Statistics Authority）[フィリピン統計庁]：https://www.psa.gov.ph

第3部
経済の「血液」と新たな成長産業

第 5 章

金融(銀行)業

柏原　千英

1.　はじめに

　本章では，2000年代以降におけるフィリピン銀行業の資金仲介機能の推移と，受信機会や金融サービスへのアクセスの普遍化に取り組む中央銀行の銀行部門改革の政策的要点を概観する。

　21世紀に入ってからの銀行部門を振り返ると，国内各行は2000年代半ばまでを財務状況の改善に費やしていた。1990年代末のアジア経済・金融危機への対処が遅れ，法整備や施策の実効性が現れるまでに，危機の発生から約10年を要したからである。フィリピン中央銀行（Bangko Sentral ng Pilipinas: BSP）が認可カテゴリ（ユニバーサル／商業銀行，政府系銀行，貯蓄／地方銀行の主要3部門）別に公表する不良債権比率をみると，2001年に22.8％まで悪化したユニバーサル／商業銀行の同比率が安定的に10％以下となったのは2006年6月，銀行部門全体では2007年末であった（2017年末は1.7％）。このような期間を経て2010年に発足した前ベニグノ・アキノ政権は，開発計画の柱に「包摂的成長」を掲げ，民間資本参画によるインフラ整備と社会政策の実施による開発をめざした。また，現ロドリゴ・ドゥテルテ政権はインフラ整備を継続し，首都圏外の各地域における産業振興やビジネス活動の活発化を実現することで，2022年の高位中所得国入りを目標としている。銀行部門は本支店ネットワークや預金・融資残高が首都圏や中部ルソン地方，中部ビサヤ地方などの大都市圏に極端に集中してお

り,15歳以上の約77％が銀行口座を保有していない（2017年末時点）など，金融仲介機能とサービスへのアクセスの両面で地域間格差が大きいという特徴をもっているが，中核的に担う金融仲介機能——とくに企業の90％を占める対中小企業融資——は重要性を増しているはずである。監督機関である中央銀行は，どのような施策で上記の格差を改善しようとしているのかを整理していく。

本章の構成は以下のとおりである。次節では，2000年代以降の金融深化と銀行部門の構成について概観し，第3節では，BSPによる地域間格差や金融サービス自体の向上，金融包摂に関する取り組みなどをもとに，金融仲介機能の観点から施策の要点を整理する。最後に本章をまとめる。

2．2000年以降の銀行部門

2-1 金融深化——2000年以降の停滞と発展——

まず，国内の通貨供給量（M2／GDP）をみてみよう（図5-1）。2000年以前からの傾向も示すため，1986年のコラソン・アキノ政権発足から

図5-1　通貨供給量の推移（M2／GDP）

（出所）　BSPウェブサイトより，筆者作成。

2017年までの数値を用いた。民主化後の政治・行政制度の改編期（供給量の減少）を経て，1990年代中盤の財政・経済の好況期〜アジア危機直後の金融緩和期（同増加），グロリア・マカパガル・アロヨ政権後期（2004〜2010年）の財政難とリーマン・ショック，および前アキノ政権初期の緊縮財政（同減少），同政権による公共インフラ投資の増加と好況（同増加）の影響が明確にみてとれるが，長期的には増加傾向にあることがわかる。

図5-2には，図5-1と同期間の預金・貸出額GDP比（％）の推移を示した。経済体制の再建期を経た1990年代初頭から，1994〜1996年度は財政均衡を達成し，海外直接投資（FDI）流入も好調だったフィデル・ラモス

図5-2 預金額対GDP比および貸出額GDP比

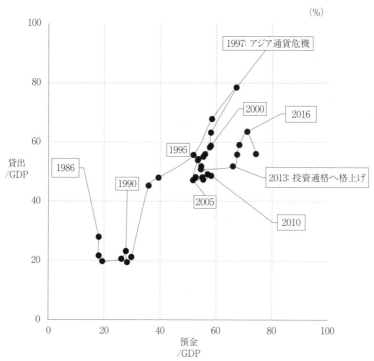

（出所）　預金・貸出残高はBSPウェブサイト，GDPはPSAウェブサイトより，筆者作成。
（注）　非銀行（ノンバンク）部門の預金・貸出を含む。

政権期(1992〜1998年)には,両GDP比は順調に拡大していた。しかし1997年のアジア危機発生後は,2013年に民主化以降初めて海外格付会社から投資適格のレーティングを得るまで,「失われた十数年」ともいうべき停滞を経験している。前アキノ政権期からの景況を反映して預金額GDP比は継続して伸長しているが,貸出額GDP比は2017年末でも50%台半ばであり,アジア危機発生直前のレベルにまで回復するには,さらに年月が必要だろう。

参考のため,直接・間接金融市場の規模をASEAN5カ国(インドネシア,マレーシア,フィリピン,シンガポール,タイ)で比較しよう。図5-3には,2000年末と2016年末時点の(1)国内資本上場企業の株式時価総額(縦軸),(2)民間部門向け銀行融資(横軸),(3)社債発行残高(グラフ内の円の大きさ)について,それぞれGDP比を示した。フィリピンの直接・間接金融市場は,シンガポールはもとより,マレーシアやタイよりもかなり小規

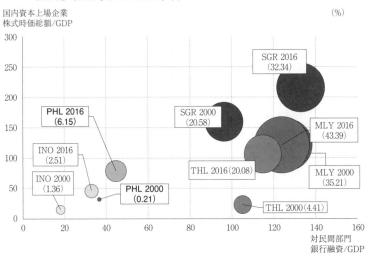

図5-3 国内資本上場企業株式時価総額・対民間部門銀行融資・社債発行残高のGDP比(2000年および2016年末)

(出所) 世界銀行データベースおよびABOウェブサイトより筆者作成。
(注) INO:インドネシア,MLY:マレーシア,PHL:フィリピン,SGR:シンガポール,THL:タイ。データラベル内の数値は社債発行残高対GDP比(%)。

模だが，この2時点間で社債発行残高は約2億USドルから約60億USドルに増加し，伸び率では5カ国中で最も大きい。これは，2000年代後半から国内（最）大手金融機関や有力企業グループの持株会社等による発行が相次ぎ，さらに2009～2010年以降は都市部での不動産開発（大規模商業施設と周辺に建設されるオフィスビルや高層住宅など）のため，大手建設会社や不動産開発会社，あるいはそれら事業体を下部にもつ持株会社による発行が続いているからである[1]。2018年4月時点の発行体数は52社，上記の業種以外では通信，電力，水道，飲料，証券など，すべて国内大手企業グループに属する上場企業であるが，低所得層向け住宅を建設する政府系住宅公社も名を連ねている。52社のなかには，複数の銘柄や異なるスキームの債券を発行している企業や，数100～1000億ペソ単位で資金調達を行う企業もある。株式時価総額GDP比も，リーマン・ショックの影響が薄れた前アキノ政権発足後から大幅に伸び，3大格付会社すべてから投資適格を得た直後の2014年には92％，2017年には92.6％となった。後述するように，銀行部門融資残高の7割を首都圏が占めていることから，大企業の資金調達規模と選択肢は，2000年代後半に拡大したといえる。

2-2 銀行部門プレーヤーの構造と特徴

表5-1には，現在フィリピン国内で営業する外資系も含めたカテゴリ別の銀行数とおもな物理的ネットワークを示した。国内資本ユニバーサル銀行（UB）が，外資系を含むほかの銀行カテゴリを規模で圧倒しているのが一目でわかる。ただし，外資系銀行のプレゼンスが小さいのはフィリピンに外資参入規制があるからではない。2000～2014年に実施された金融自由化[2]が時宜を逸していたために，外資系金融機関による国内銀行の買収例が非常に少なかったからである。

最大手～中堅行に相当するユニバーサル・商業銀行（UKB）の本店はほぼ全行が，貯蓄銀行（TB）でも40％が首都圏を本店所在地としている。

---

1) 債券の流通市場を運営するPhilippine Dealing and Exchange Corp.によると，2017年末の社債発行残高は1兆ペソを超えた。

同じカテゴリ内でも各行の規模にはばらつきがあるが，一行当たりの支店数は国内資本UKBで200～250店舗，TBは同約40店舗，地方・協同組合銀行（RCB）では支店をもつ場合で4～5店舗，首都圏外では本店（1拠点）のみも非常に多い。大多数が首都圏外に拠点をおくRCBの地方（Region）別分布（図5-4）をみると，経済特区の所在地や中核都市の開発が比較

表5-1　カテゴリ別銀行数（2018年9月末）

	BSP認可数	首都圏に本店	支店等オフィス数	ATM設置台数	e-バンキング可能	上場数
ユニバーサル銀行(UB)	21		6,028	17,278		11
うち　国内資本	(12)	21	(5,424)	(14,441)		(11)
外資系	(6)		(6)	(15)		(0)
政府系	(3)		(598)	(2,822)	39	(0)
商業銀行(KB)	23		538	993		1
うち　国内資本	(5)	22	(431)	(817)		(1)
外資系支店	(16)		(4)	(45)		(0)
外資系子会社	(2)		(103)	(131)		(0)
貯蓄銀行(TB)	54	22	2,508	2,285	25	3
地方銀行(RCB)	476		2,500	599		
うち　地方銀行(RB)	(451)	17	(2,370)	(573)	14	0
協同組合銀行(CB)	(25)		(130)	(26)		
合計	574	82	11,574	21,155	78	15

（出所）　BSPウェブサイトおよびフィリピン証券取引所ウェブサイトより筆者作成。
（注）　政府系ユニバーサル銀行には，イスラム金融専業銀行1行を含む。
　　　地方銀行には，マイクロ・ファイナンス銀行含む。支店等オフィス数は本店を除く。
　　　国内資本の企業グループに属する銀行は，ユニバーサル銀行8，商業銀行3。

2）　実施された外資規制の緩和は以下のとおり。(1)1994年外資参入法（共和国法7721号）の時限改正（2003～2010年）による国内行の外資100％買収による参入と，既所有行への株式買い増し（上限60％→100％）の容認。(2)2013年，地銀法改正（共和国法10574号）による国内地銀の所有上限の緩和（40％→60％）。(3)2014年，外資参入法改正（共和国法10641号）による国内既存行（管財措置あるいは清算過程下にある銀行を含む）の100％買収，100％所有子会社設立による外資参入，フル・バンキング免許取得による支店開設の恒常的な容認，およびBSP監督上の諸条件を国内行と同等化。(3)の規制緩和は，2015年末に発足したASEAN経済共同体の一部である域内金融統合枠組みを実現する取り組みの一環でもある。

的進展している中部ルソン地方やカラバルソン地方に集中しているのがわかる。また、首都圏（NCR）を除く各地域には銀行が存在しない市町があり（図では右半分に表示）、東部ビサヤ地方やムスリム・ミンダナオ自治地域（ARMM）など生産活動や所得水準の低い地域を中心に、2018年6月末時点で550を超える[3]。銀行の物理的ネットワークは、(1)中位行までの首都圏集中と、(2)市町レベルでのネットワーク自体の有無という格差として特徴づけられる。

　物理的所在だけでなく、預金・融資残高も同様である。BSP統計によると、2001〜2017年のあいだにフィリピン国内の預金残高は約2兆ペソから11兆ペソ超へと約5.5倍強に、融資残高は2兆ペソ弱から9兆ペソ強へと約4.5倍になったが、預金・融資残高ともに約90％がUKBに集中している。これらを両残高の上位3地方とそれ以外に分けて示したのが図5-5およ

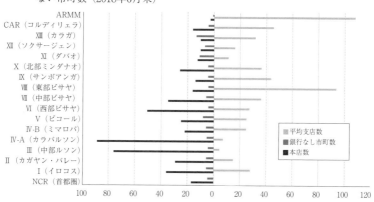

図5-4　地方別の地方・協同組合銀行本店所在数・平均支店数、銀行アクセスのない市町数（2018年6月末）

（出所）　BSPウェブサイト、統計（Number of Unbanked Cities and Municipalities）より筆者作成。
（注）　銀行のない市町数は合計552。

3）　市町（cities and municipalities）総数1634のうち、約3分の1は銀行アクセスがない状態にある。なお、UKBの市町レベルでのカバレッジは総数に対して23％、TBは同28％、RCBは59％である（Tetangco 2016）ことから、UKBの支店ネットワークは、首都圏と大都市で集中的に展開されていることがわかる。

び図5-6である。各年で大きな変動がみられないため，残高上位3地方とその他地方として3年ごとに集計した。UKBでは預金受入の約70％と融資の約90％，TBでも預金受入の60～70％，融資の約70％を首都圏で行っている。RCBでは偏重は小さくなるものの，先に挙げた中部ルソンとカラバルソンの2地方が預金では40～50％，融資でも30～40％強を占めている。フィリピンにおける金融仲介は，人口（約15％）や地方別GDP（約40％）以上に首都圏への極端な集中が観察できる。

2-3 産業別の融資残高にみる傾向と企業への影響

では，2000年代以降の銀行部門はどのような融資行動をとってきただろうか。まず，産業別融資残高をUKB（図5-7(a)）[4]についてみると，融資残高は2000年以降も一貫して増加している。融資額対GDP比は，1999年末の約50％から2004年末には40％以下に下落し，さらに2010年末にはリーマン・ショックの影響から30％を割り込んでいた（2013年末から増加に転じ，2015年末で同比40％を回復した）が，このあいだに融資残高とその割合を顕著に伸ばしたのは不動産業と家計向け融資，そして微増ながら卸売・小売業，流通業である。首都圏や近郊の大都市で旺盛になってきたコンドミニアムなどの住宅需要やIT-BPO産業[5]の拡大によるオフィス建設ラッシュ，都市部を中心とした消費活動の活発化を背景としていよう。家計向け融資（クレジットカード，自動車／オートバイ，一般消費）の残高は2008年末に2500億ペソ弱だったが，2017年末には約5800億ペソと10年間で約2.3倍となった。直近数年間では自動車／オートバイ・ローンの増加が著しく，同年末時点では家計向け融資の50％以上を占めている[6]。

TBおよびRCBについてみる（図5-7(b)，(c)）と，この傾向がより鮮

---

[4] BSP統計では銀行4カテゴリ別に預金・融資残高を集計しているが，UBとKBの傾向が非常に似通っているため，合算したカテゴリ（UKB）とした。融資残高については，2006年以降とそれ以前のデータでは業種区分の相違が大きく，一貫性を保つのが難しいため，割愛した。

[5] Information Technology-Business Process Outsourcing。ITを用いておもに業務部門等を社外に委託・受託するサービス業。フィリピン国内の同産業については，第6章を参照。

第 5 章　金融（銀行）業

図5-5　銀行カテゴリ別および上位3地方の預金残高（各年末）

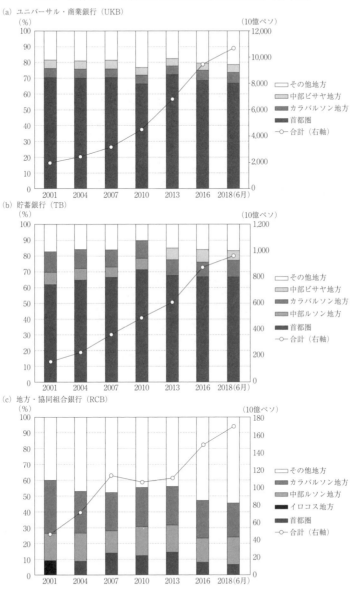

(出所)　図5-1に同じ。

図5-6 銀行カテゴリ別および上位3地方の融資残高（各年末）

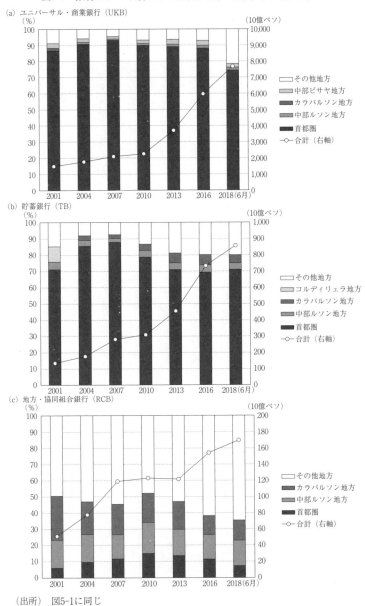

（出所） 図5-1に同じ

明になる。家計向け融資の増加がUKBと同様にみられ,融資残高に占める割合はより拡大している。TBでは農業,製造業,インフラ,建設業向け融資割合を急速に減少させて,不動産業と家計向け融資を増やした結果,これらが2大貸出先となった。RCBでは融資残高の伸び自体が他のカテゴリより鈍いなか,農業向け融資割合の半減と卸売・流通業の減少分を家計向け融資が占めるという傾向を示している。RCBに関して特筆すべきは,家計向け融資の8割以上をオート・ローンではなく一般消費が占めている点である。都市部でも営業するTBは,自動車/オートバイの購入など,資金使途が明確で購入商品への担保設定と債権回収手段(差し押さえて売却する)が容易なオート・ローンに傾注し,都市部と経済格差の大きい地域では,RCBが借り手(候補が)豊富な家計向け融資にシフトした結果,地方経済では生産活動と雇用両面でプレゼンスの高い産業である農業や卸売・小売,流通業(第3・4章も参照)への融資シェアが相対的に減少したといえる。

　以上のような与信傾向は,企業側にどのような影響を与えるだろうか。産業別の資金需給ギャップなどを示す量的データではないが,BSPや国際機関による調査を参照しよう。図5-8には,BSPが2001年から大企業を対象として四半期ごとに実施している「景気予想調査」(Business Expectations Survey: BES)[7] から,「事業上の制約」として「高金利」と「融資へのアクセス」を回答企業が選択した割合,そして同期間の銀行の預貸率(融資残高/預金残高)を示した。直近では利上げを反映して「高金利」を

---

6) 図5-7 (a) では,対金融・保険業の融資残高シェアが2010年頃から大きく減少しているが,同業他社への融資が減少したのではなく,資金を産業融資に誘導するため,BSPが金融機関向け特別預金勘定(Special Deposit Account: SDA)金利を基準金利と同等まで段階的に引き下げた(2012年に完了,2013年には産業別融資残高統計から除外,2016年に廃止)からである。SDA導入の当初目的はBSPの流動性確保であり,基準金利より高金利かつ継続預入が可能だったため余剰資金運用先となり,ピーク時の残高は1兆ペソを超えていた(BSPウェブサイトによる)。これら資金は一部が国内融資に振り向けられたであろうが,2000年代半ばから銀行部門は数1000億ペソ規模の対外純資産をもつようになっており,収益性を確保するため対外投資・融資にも向けられたと考えられる。

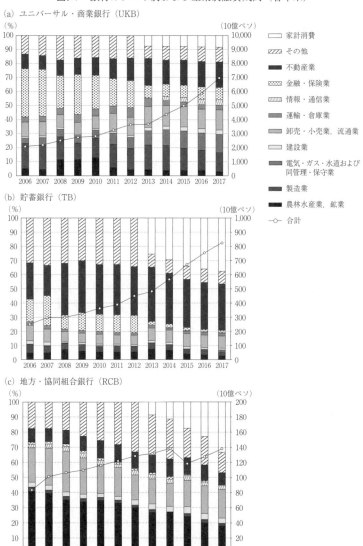

図5-7 銀行カテゴリ別および産業別融資残高（各年末）

(a) ユニバーサル・商業銀行（UKB）

(b) 貯蓄銀行（TB）

(c) 地方・協同組合銀行（RCB）

凡例：家計消費／その他／不動産業／金融・保険業／情報・通信業／運輸・倉庫業／卸売・小売業，流通業／建設業／電気・ガス・水道および同管理・保守業／製造業／農林水産業，鉱業／合計

(出所) 図5-1に同じ。
(注) 2013年からは「その他」から「家計消費」を，2014年には運輸・倉庫業とまとめていた情報・通信業を独立して集計，公表している。金融・保険業については（注6）を参照。

選択した企業が10％以上に戻っているが，外部ショックによる一時的な影響を除き，回答企業は資金調達条件・環境が継続的に緩和／向上されたと認識している。本章の冒頭でも述べたように，国内の銀行部門は2000年代半ばまでは経営再建や（再）強化の時期にあり，2010年末までは預貸率が下降傾向にあった。銀行側の与信意欲が必ずしも高くない期間においても，大企業や有力企業は銀行からの資金調達に関して影響を受けていないことがわかる。

世界銀行の「企業調査」（World Bank 2015; 2009)[8] からは，アジア太平洋域内（以下，域内）やフィリピンが区分される低位中所得国（同，中所得）平均と比較した中小企業への影響がある程度判明する。2009年調査では，小企業・中企業ともに90％以上が銀行に決済口座を保有している（域内平均89.6％，中所得平均は87.3％）が，銀行融資を受けているのは小企業が21.1％，中企業で39.9％（域内40.4％，中所得39.9％），投資資金を自己調達あるいは銀行調達した小企業は87.7％と5.7％，同中企業は70.3％と14.6％である（域内63.6％と19.6％，中所得68.1％と17.0％）。2015年調査も列挙すると，銀行口座保有率はほぼ変わらず（小企業の保有率は6％減少，域内85.3％，中所得74.9％），銀行融資については小企業で22.6％と中企業38.6％（域内26.8％，中所得25.0％），投資資金の自己調達あるいは銀行融資は小企業で85.1％と3.5％，中企業では75.6％と16.8％（域内85.9％と26.8％，

---

7) 証券取引委員会が公表するTop 7000 CorporationsとBusinessWorld紙のTop 1000 Corporationsをもとに7000社の産業・地域別マトリクスを作成し，その構成比に従って1500社程度のサンプル企業を抽出，実施している。2001年の開始以来，回答率は80％台を維持している。直近調査（2018年第2四半期実施）では，在首都圏と首都圏外の企業数対比はおよそ4：6。企業規模を被雇用者数で(1)100人未満の小企業，(2)100人以上～500人未満の中企業，(3)500人以上の大企業，(4)未回答に区分しており，(1)～(3)の構成比は順におよそ3：4：2。2011年以降におけるほかの「制約」選択肢には，「経済法制の不明確さ」「設備・機材の不足」「不十分な需要」「財務上の問題」「競争」「労務問題」「投入財不足」「その他」「制約なし」がある（複数回答可，地域・産業・企業規模別での回答内容は公表されていない）。
8) 41加盟国のおもに製造業・サービス業のフォーマル企業を対象に実施されている。企業区分は(1)小企業：被雇用者5～19人，(2)中企業：同20～99人，(3)大企業：同100人以上。詳細はhttp://www.enterprisesurveys.orgを参照（2018年10月31日最終アクセス）。

中所得71.0％と25.0％）である。2009年調査のみだが，融資に必要な担保価値は小企業で融資額の309.0％，中企業で同177.6％と記載されており，この数値は域内平均の171.0％，中所得平均142.0％よりはるかに高い。フィリピンの中小企業は，域内諸国や同レベルの平均所得諸国よりも，銀行融資を受けることが難しいと考えられる。

　また，必ずしも分析対象期間はBESと同一ではないが，1990年代から2000年代半ばまでをとりあげた政策金利変動と銀行部門の与信行動に関する研究は，BESの結果を裏づけている。Pobre (2003), Bayoumi and Melander (2008), Bayangos (2010) の分析結果をまとめると，(1)銀行は与信判断において，金融政策ショックよりも貸出先に関するリスク判定を重視する，(2)貸出金利の変更（とくに引下げ）には慎重である，(3)金融政策変更による与信総額への明らかな影響は確認できないと主張しており，銀行側の保守的な与信志向が推測できる。また，2000年代初頭に実施され

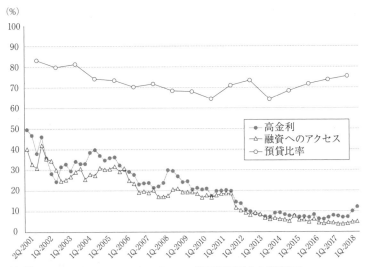

図5-8　大企業の資金調達環境と金融機関の預貸率

（出所）　BSP Business Expectations Survey（各四半期版）より筆者作成。
（注）　「高金利」「融資へのアクセス」を「事業上の制約である」と回答した企業数の全体比。「預貸率」は預金残高に対する融資残高の割合（両残高の数値は各年末）。

た金融自由化（外資系銀行への新規参入許可と認可事業の拡大）による国内銀行の収益性への影響を検討したDecanay（2010）や Pasadilla and Milo（2005）は，自由化による都市部市場での競争の高まりが，収益性の低下と資金運用におけるリスク回避の傾向を強める契機だったと主張している。

このような資金供給側の志向は，好況が鮮明になってきた2010年代にもある程度継続されているようだ。BSPは銀行の貸出判断基準に関する情報収集を目的として，UKBに「上級融資担当者調査」(Senior Bank Loan Officers' Survey)[9]を実施している。直近実施分までの回答内容からは，大企業であるほど与信を受けやすく，小・零細企業や家計融資ほど担保取得や貸出条件，手続きに厳密さを求める傾向が読みとれる。そのため，資金供給側が収益の維持と回収リスク回避を志向した結果，非首都圏での与信や収益性の低い，あるいは中小・零細企業が多い産業への融資が実質的により低調となったと推測される。世界銀行の「企業調査」結果もあわせると，2010年代半ばでも上記の産業・顧客に対して事業活動へのドライブの役割を十分に果たしていない（間接的にこれら産業・事業者の成長可能性を阻害していた）と考えられる。

3．BSPによる施策
　　——自由化，経営基盤の強化，金融包摂プログラム——

3-1 施策にみる方向性

前節でみたような状況のもとで，開発計画の目標である地方経済の振興を実現するには，経営基盤の強固な銀行による非首都圏での事業拡大を促す施策が必要になるが，これに取り組むBSPの施策には，国際的な枠組

9）　2010年初から四半期ごとに実施されている。融資先を「最大手」「大手中規模企業」「中小企業」「零細企業」「家計」に区分し，融資額の増減や与信判断基準，条件（担保取得，融資期間など），使途，産業別に変化の程度や有無を質問しているため，調査枠組みとしては有用だが，大手銀行（35行）のみを対象としているうえに直近実施分までの回答内容にほとんど変化がなく，回答率も50～60％ほどとBESより低い。

みも利用した以下の3つの方向性が読み取れる。第1に，東南アジア域内の金融統合枠組み（ASEAN Banking Integration Framework: ABIFなど）が進展するタイミングを利用しつつ，外資系銀行のフィリピン進出を誘致することである。2000年代前半から行ってきた規制緩和・自由化（（注2）を参照）により，2013年5月には外資による国内行の所有上限を国内とほぼ同等とし，2014年7月には，先進国上位行の進出を想定した非常に厳しい参入条件を改正し，相手国の参入条件とのバランスを考慮した「互恵性」を重視する方針へと変更している。また，同年10月には，全銀行カテゴリで計10段階であった払込済最低資本金額の規定を見直し，各カテゴリ内で4段階ずつ，計20段階に細分化した（表5-2）。これによって，外資系銀行も多様な銀行カテゴリ，事業規模（支店数）や本店所在地での国内銀行の買収が可能となっている。

　第2に，非首都圏を拠点とする銀行の財務基盤の強化である。表5-2に示した払込済最低資本金額の改定内容をみると，とくに中規模以上のTBとRCB全般について底上げされており，BSPがこの規模のTB／RCBの財務基盤強化を重視していることがわかる。上記の資本金規定のほかに，財務健全性の確保やガバナンスの観点から，一組織への貸出や業種別の貸出割合規制も定めており，融資業務自体の拡大や多様化には，まず財務基盤の拡大と強化を行う必要があるからだ。そのため，2001年頃から数次にわたり，5行以上のRCBが合併する場合には，合意プロセスをまとめるコンサルティング料の補助を行う支援プログラム（Consolidation Program for Rural Banks: CPRB）[10]や，税制上のインセンティブを制度化している。新払込済資本金規定に関する移行期間は2018年10月で終了したが，これらの施策に誘発されたと考えられるRCBの合併も，件数は少ないものの実現している。なかには，約10年をかけて複数回の買収を行い，保有支店数が100を超える広域で営業するRCBの発足例や，TBへの認可カテゴリ変更を行った事例もみられる。

---

10) 現在のCPRBは第3次であり，期間は2017年10月26日～2019年10月26日（BSP Circular Letter No. CL-2017-069）。RB間の合併を3行以上とするなど，一部の適用条件が第2次よりも緩和されている。

第 5 章　金融（銀行）業

表5-2　銀行部門の払込済最低資本金額（新・旧）

			新規定	旧規定（本店所在地による）
ユニバーサル銀行（UB）		本店のみ	30億ペソ	一律49億5000万ペソ
		～10支店	60億ペソ	
		11～100支店	150億ペソ	
		101支店以上	200億ペソ	
商業銀行（KB）		本店のみ	20億ペソ	一律24億ペソ
		～10支店	40億ペソ	
		11～100支店	100億ペソ	
		101支店以上	150億ペソ	
貯蓄銀行（TB）	本店・首都圏	本店のみ	5億ペソ	[既存行] 首都圏：3億2500万ペソ 首都圏外：5200万ペソ [新規参入行] 首都圏：10億ペソ セブ市，ダバオ市：5億ペソ 首都圏外：2億5000万ペソ
		～10支店	7億5000万ペソ	
		10～50支店	10億ペソ	
		51支店以上	20億ペソ	
	本店・首都圏外	本店のみ	2億ペソ	
		～10支店	3億ペソ	
		10～50支店	4億ペソ	
		51支店以上	8億ペソ	
地方銀行および協同組合銀行（RCB）	本店・首都圏	本店のみ	5000万ペソ	[既存行] 首都圏：2600万ペソ セブ市，ダバオ市：1300万ペソ 第1～3級市および第1級町：650万ペソ 第4～6級市および第2～4級町：390万ペソ 第5～6級町：260万ペソ [新規参入行] 首都圏：1億ペソ セブ市，ダバオ市：5000万ペソ 上記以外の市：2500万ペソ 第1～4級町：1000万ペソ 第5～6級町：500万ペソ
		～10支店	7500万ペソ	
		10～50支店	1億ペソ	
		51支店以上	2億ペソ	
	本店・首都圏外かつ第1～3級市	本店のみ	2000万ペソ	
		～10支店	3000万ペソ	
		10～50支店	4000万ペソ	
		51支店以上	8000万ペソ	
	本店・首都圏外かつ第4～6級市	本店のみ	1000万ペソ	
		～10支店	1500万ペソ	
		10～50支店	2000万ペソ	
		51支店以上	4000万ペソ	

（出所）　BSP Circular No. 854, Series of 2014より筆者作成（http://www.bsp.gov.ph/downloads/regulations/attachments/2014/c854.pdf　2017年12月20日最終アクセス）。
（注）　支店数は本店を含む合計数。旧規定では，協同組合銀行の払込済最低資本金は一律1000万ペソ。

第3には，2015年に制定した「金融包摂のための国家戦略」[11]に基づく金融アクセスの普遍化が挙げられる。第2節でも述べたように，国内には銀行ネットワークに組み込まれていない地域が多数あり，銀行口座をもたない成人の割合も高い。また，非首都圏の産業構成において重要な農林水産業や食品加工業，運輸などサービス業では，事業者の多くが家計と事業会計を分離していないインフォーマル部門に属すると考えられるが，現状では個人あるいは組織を問わず，フォーマルな金融機関での口座開設には雇用証明書や財務・納税記録の提出が必須である[12]。BSPは2011年に，RBやNGOが運営するマイクロ・ファイナンス向けにマイクロ・デポジット制度を導入していたが，より大きな物理的ネットワークをもつ金融機関へのアクセスを拡大するため，2018年1月から同制度を「ベーシック預金口座」（Basic Deposit Account: BDA，表5-3）として改定し，全銀行に取扱いを開放した。一般的な預金口座より最低・最高預入額を少額にし，手続条件の緩和により口座開設のハードルを下げる一方で，法定準備金の免除など少額口座の管理コストを引下げ，銀行側にも受入れへのインセンティブを付与している。

　金融アクセスを提供する銀行側の物理的負担を下げる制度も同時期に導入された。マイクロ・ファイナンスの店舗や銀行の出張所の制度を統合し

---

[11] BSPは，2010年にG20が「金融包摂のためのグローバル・パートナーシップ」（Global Partnership for Financial Inclusion）を設立した際に非G20メンバー（non-G20 country）として参加し，国家戦略を制定した。「誰もが多様な金融商品とサービスに効率的にアクセスできる状態」で「すべての利用者の多様なニーズを安全，持続可能で利便性が高く，手頃な価格で支えるデジタルな金融エコシステムの構築」を目標とし，その実現手段として，貯蓄から投資への段階的な金融アクセスを可能にする教育・啓発プログラムの実施や，政策・規制や金融機関の監督，消費者保護などを挙げている（BSP 2015a）。

[12] 「2017年金融包摂サーベイ」では，首都圏・ルソン・ビサヤ・ミンダナオ地域の15歳以上1200人へのアンケート調査で，銀行口座をもたない理由を聴取している（複数回答可）。回答率が高い順に，(1)（最低預入額に）十分な現金がない（60％），(2)不必要（21％），(3)必要書類が用意できない（18％），(4)口座維持費用が高い（10％），(5)口座開設（とその機能）に関する知識がない（9％），(6)無職（8％），(7)銀行口座を知らない（8％），である。回答者の48％は余剰現金をもつが，うち68％は「タンス預金」だという（BSP 2018, 17-18）。

た「ブランチ・ライト」(Branch-lite) は，認可された銀行カテゴリで提供できる全サービスではなく，出店先の地域で需要の高いサービスに限定した小規模支店の開設を容認している。また，「全国リテール決済システム」(National Retail Payment System: NRPS) は，電子決済プラットフォームを運営する企業，コンビニエンスストアや小売チェーン等のプラットフォーム加盟店と銀行を結び，銀行側が第三者（代行）決済機関として加盟店を認定することで，個人・組織間のいずれかに銀行口座がなくてもキャッシュレスで決済や送金が可能になるシステムである。NRPSには2システムが認可を受けて約90行（両システムへの参加を含む，2018年9月末時点）が利用しており，既存分を含むブランチ・ライトは1753店舗（2018年6月末時点）を数える[13]。外資系金融機関も参加・設置している。

3-2 今後の展望

首都圏外での金融仲介機能の強化という観点からは，RCBの財務基盤の強化を梃子に，将来的には営業規模を拡大させ，金融アクセスの普遍化

表5-3 ベーシック預金口座（Basic Deposit Account）の概要

口座開設者への メリット	開設時預入金額	100ペソ以下（大手行の一般的な最低預入額は2万ペソ）
	最高預入額	5万ペソ以下（左記金額を超えた場合は通常口座に移行）
	口座維持最低預入額	なし（一般的に，口座残高が最低預入額を下回ると数100〜1000ペソ／月程度を徴収する銀行が多い）
	休眠口座手数料	なし
口座開設／銀行へ のメリット	提示する身分証明	1種類，手続きの簡素化
取扱い銀行への メリット	法定準備金	なし（0％）

（出所）BSP Circular No. 992, Series of 2018より筆者作成（http://www.bsp.gov.ph/downloads/regulations/attachments/2018/c992.pdf 2018年2月5日最終アクセス）。

---

13) NRPSについてはBSPウェブサイト，ブランチ・ライト店舗数はBSP (2018, 10-11) による。

をより早期に実現することが最も重要になるだろう。2016年にテタンコ中央銀行総裁（当時）が「地方銀行──金融包摂に力を発揮しよう──」と題して地方銀行協会で行った講演によると，フィリピン国内で操業する約70万社の90％は中小・零細企業に分類されるが，銀行融資を受けているのは31％にすぎないという（Tetangco 2016）。前節（2-3）でみたように，非首都圏の中小・零細企業や個人事業者への金融アクセス強化や融資の必要性は高く，物理的カバレッジにおいてほかのカテゴリに勝るRCBが積極的に役割を果たすことが，「金融包摂」の枠組みで成果を上げるためには不可欠である。

　しかし，首都圏外の金融仲介アクセスの中心的存在である（はず）のRCBは，2000年末時点の合計約800行から2018年6月末時点で同500行弱へと，2000年以降に最も機関数を減少させた銀行カテゴリでもある。直接的に経営状況が悪化した場合もあるが，BSPが段階的に実施してきた資本金増強策や健全性基準の改定に対応できず（せず），営業停止命令を受けた事業清算や，自主的に銀行免許を返上（解散）した結果であることも多い。ほぼ同期間にRCBが当事者となり，BSPが認可した合併・買収案件は47件[14]あるが，BSPがインセンティブを付与して推進するCPRBの対象となったRCB5行間以上の合併は1件，全案件のうち70％以上がRCB2行間（34件），UKBやTBによる買収が7件である。大多数のRCBは経営規模の現状維持（合併や買収を考慮しない）を選択していると考えられるため，現行のCPRBにおける「合併のカウンターパートが決定してから受けられるインセンティブ」から，「合併相手を探す・検討するためのコストを支援するインセンティブ」の追加的付与や，スキームの移行が必要になるかもしれない。2-2および2-3ですでにみたように，個々のRCBは預金・融資残高のシェアや本支店ネットワークも他のカテゴリと比較すると非常に小さいことから，経営基盤の強化や物理的な規模の拡大

14）　BSP Circulars各年シリーズでの公表から集計。詳細についてはKashiwabara（2017）を参照。なお，これら合併・買収案件には，他行が清算／解散銀行の資産（事業ポートフォリオや店舗等の固定資産）の受け皿となり，継承した案件は含まれていない。

を志向しても，その前段階である合併候補を模索・検討するためのコストが負担となっている可能性が否定できないからである。BSPが今後もCPRBを通じてRCB間の合併を推進するのであれば，このような情報を提供する外部機関（たとえばBSP自身や預金保険機構など）の存在が，施策の実効性を上げるためには重要になろう。

一方で，2018年初を挟んで新たに実施されたBDAやブランチ・ライト，NRPSによって銀行ネットワークのあり方に変化がもたらされる可能性もある。少額預金を受け入れるBDAは中小銀行にも預金と顧客ベースを拡大する機会を増やし，NRPSは資金移動のリスクとコストを減少させる効果をもつため，間接的に経営基盤の強化と収益性の向上につながる。より少ないコストで支店を開設できるブランチ・ライト制度は，これまで全合併案件の2割弱であった外資系を含むUKBがRCBを合併・買収する事例を増加させる可能性もある。単独での存続が絶対条件ではないRCBには，より多様で高度なサービスを展開する他行のネットワークの一部に組み込まれる（参画する）機会ともなる。「国家戦略」の施策が功を奏すか否かは今後の展開を待たねばならないが，銀行部門全体にもたらす業態の変化の有無も含め，注視していく価値はあろう。

4．おわりに

本章では，銀行部門の基幹的な役割である金融仲介という観点から，2000年以降における展開について概観するとともに，BSPによる現在までの施策を整理した。対象期間，とくに2010年以降は，大統領の開発計画で首都圏外の経済振興が掲げられ，BSPがG20の枠組みのもとですべての国民に必要な金融アクセスを提供するための金融包摂に取り組んできた時期でもある。銀行カテゴリ間，とくにRCBとUKB／TB間の物理的および資金規模の格差は依然として大きく，これまでは監督機関としてのBSPが意図する成果は期待しているほど上がっていない，あるいは施策の対象となる国内金融機関の反応は鈍いようにもみえる。産業振興と銀行部門の

サービス高度化や金融アクセスの向上は表裏一体であり，資金需要と供給はどちらがトリでどちらがタマゴかという問題がついて回るが，2000年代から直近までのフィリピンでは，少なくとも資金供給側の慎重な与信姿勢は指摘できる。中小・零細企業に至るまで，事業資金の借入先として銀行を選択肢に入れられる，あるいはすべての個人がたとえ少額でも財務健全な銀行に預金できる環境が整備されるには，ドゥテルテ政権の任期を超えた継続的な取り組みが必要になろう。

〔参考文献〕
(各URLの最終アクセス日：2018年10月31日)

〈外国語文献〉
Bayangos, Veronica B. 2010. "Tracing the Bank Credit Channel of Monetary Policy in the Philippines," *Bangko Sentral Review* XII (1): 1-24.
Bayoumi, Tamim and Ola Melander 2008. "Credit Matters: Empirical Evidence on U.S. Macro-Financial Linkages," IMF Working Paper No. WP/08/169, Washington, D.C.: International Monetary Fund (https://www.imf.org/external/pubs/ft/wp/2008/wp08169.pdf).
BSP (Bangko Sentral ng Pilipinas) 2015a. *National Baseline Survey for Financial Inclusion*, Manila City: BSP (http://www.bsp.gov.ph/downloads/publications/2015/NBSFIFullReport.pdf).
—— 2015b. *National Strategy for Financial Inclusion*, Manila City: BSP (http://www.bsp.gov.ph/downloads/publications/2015/PhilippinesNSFIBooklet.pdf).
—— 2018a. "2017 Financial Inclusion Survey: Moving Towards Digital Financial Inclusion," Manila City: BSP (http://www.bsp.gov.ph/downloads/Publications/2017/2017FISToplineReport.pdf).
—— 2018b. "A Report on the Philippine Financial System, First Semester of 2018," Manila City: BSP (http://www.bsp.gov.ph/downloads/Publications/2018/StatRep_1Sem2018.pdf).
—— various issues. *BSP Annual Report Vol. II* (*Statistical Bulletin*), Manila City: BSP.
—— various issues. "Business Expectations Survey," Manila City: BSP (http://www.bsp.gov.ph/publications/regular_business.asp).
—— various issues. *Report on the State of Financial Inclusion in the Philippines*, Manila City: BSP (http://www.bsp.gov.ph/publications/regular_fip.asp).

―― various issues. "Senior Bank Loan Officers' Survey," Manila City: BSP (http://www.bsp.gov.ph/publications/regular_slos.asp).
Dacanay Ⅲ, Santos José O. 2010. "The Evolution of Cost and Profit Efficiency of Philippine Commercial Banks," *Philippine Review of Economics* XLⅦ (1): 109-146.
Kashiwabara, Chie 2017. "Rural Bank Mergers/Consolidations in the Philippines: A Preliminary Study," IDE Discussion Paper Series No. 651, IDE-JETRO (Institute of Developing Economies Japan External Trade Organization).
Pasadilla, Gloria and Melanie Milo 2005. "Effect of Liberalization on Banking Competition," PIDS Discussion Paper Series No. 2005-03, Quezon City: PIDS (Philippine Institute for Development Studies) (https://dirp3.pids.gov.ph/ris/dps/pidsdps0503.pdf).
Pobre, Mervin L. 2003. "An Analysis of the Monetary Transmission Mechanism in East Asia," *Philippine Journal of Development* XXX (2): 229-254.
Tetangco, Jr., Amando M. 2016. "Rural Banks: Making a Difference in Financial Inclusion," a speech in the 63rd Annual National Convention and General Membership Meeting of RBAP (Rural Bank Association of the Philippines), Manila City: BSP (http://www.bsp.gov.ph/publications/speeches.asp?id=528).
World Bank 2009. *Enterprise Surveys: Philippines Country Profile 2009*, Washington, D.C.: World Bank (https://openknowledge.worldbank.org/bitstream/handle/10986/20935/923810WP0Box380IC00Philippines02009.pdf?sequence=1&isAllowed=y).
―― 2015. *Enterprise Surveys: Philippines 2015 Country Profile*, Washington, D.C.: World Bank (http://www.enterprisesurveys.org/~/media/GIAWB/EnterpriseSurveys/Documents/Profiles/English/Philippines-2015.pdf).

〈ウェブサイト〉
ABO (AsianBondsOnline)［アジア開発銀行アジア債券市場オンライン］：https://asianbondsonline.adb.org
BSP (Bangko Sentral ng Pilipinas)［フィリピン中央銀行］：http://www.bsp.gov.ph
PSA (Philippine Statistics Authority)［フィリピン統計庁］：https://psa.gov.ph
PSE (Philippine Stock Exchange)［フィリピン証券取引所］：https://www.pse.com.ph
SEC (Securities and Exchange Commission)［証券取引委員会］：http://www.sec.gov.ph
SEC i-View［証券取引委員会　企業財務情報サイト］：https://ireport.sec.gov.ph/iview/index.html
World Bank Databank［世界銀行データベース］：http://databank.worldbank.org/data/home.aspx

第 6 章
ビジネス・プロセス・アウトソーシング産業

柏原　千英

1．はじめに

　企業活動の一部分をより効率的かつ／または低コストで実行する目的で，第三者企業に業務委託したり国外に移転する事例は，製造業では1960年代にまでさかのぼることができるという（Hanson 2002）[1]。1990年代における通信機器・技術の発達と普遍化にともない，おもに欧米系多国籍企業が，非基幹事業あるいは管理や各種サポート部門についてもこのような傾向を強めた結果，サービス産業の一部門として確立された。他方，これらビジネスの誘致を，国内の産業発展と雇用促進に活用しようとする新興国や途上国も現れた。2000年代半ばからは，こうした国々のあいだで競争も生まれるようになった。
　このビジネス・プロセス・アウトソーシング（Information Technology and Business Process Outsourcing: IT-BPO あるいは BPO）[2] 産業は，フィリピン国内で2000年以降に最も急速に成長し，新たな雇用を生み出すとともに，サービス貿易の黒字化に大きく貢献してきた産業のひとつである。2010年には，国内IT-BPO産業のうち64％（49万3000人）を直接雇用し，売上においては67％（約74億USドル）を占めていたフィリピンの音声サー

---

[1]　Hanson（2002）では，製造業の「アウトソーシング」の初期事例として，1965年に導入されたメキシコの輸出加工区（マキラドーラ）におけるアメリカ企業による輸出製品の組立て委託を挙げている。

ビス（voice-based services）——おもにコンタクト・センター（contact center），あるいは日本語でコール・センターやカスタマー・センターと総称する——部門の売上は，先行していたインドの同部門の売上を超えて国際市場で最大シェアを獲得した。2000年代終盤からは，医療情報管理（healthcare information management）部門を筆頭に，IT関連のエンジニアリング，アニメーション制作，ソフトウェア開発といった非音声サービス部門も徐々に成長しており，産業政策のなかでも国内への投資や雇用促進を担う主柱のひとつと位置づけられている。

本章では，上記のように21世紀に入ってから進出先の候補としてフィリピンが大きく注目されるようになったIT-BPO産業について概観する。次節では，近年までの同産業の成長と展開，また，現在の産業行動計画とそのなかで述べられている見通しをまとめる。第3節では，ほかの新興国や途上国と比較した国際市場におけるフィリピンの位置づけと評価を参照し，何がさらなる課題とみなされているか，国内外の文献・資料での指摘とその背景をまとめる。第4節では，それら指摘のなかから人材育成とIT-BPO企業の操業環境についてロードマップの見解を参照しながら若干の統計等をもとに現状について述べ，最後に，直近での政策的な動向とともに本章をまとめる。

2．フィリピンにおけるIT-BPO産業と行動計画（ロードマップ）

フィリピンにおけるIT-BPO産業は，1992年にアクセンチュア・グループのフランク・ホルツ社（Frank Holz GmbH）がコンタクト・センターを

---

2) インドやフィリピンでは，「アウトソーシング」（outsourcing）がサービス発注側の見地しか反映していないとして，代わりに「マネジメント」（management）を用いて産業名をIT-BPMと表記している。本章では，日本語での一般的な用語使用や先行研究のタイトルなどを勘案し，団体名などの固有名詞を除いてIT-BPOを使用する。産業内の各部門（サブセクター）に関する名称は出所資料の表記に従っている。日本語訳は筆者によるもので，定訳ではない。

設立した事例に始まり，同産業の売上額GDP比は，2000年のわずか0.075％から2012年には5％超へと急成長した（Celestial 2016）。2000年頃から現在までの業況や雇用状況などの全容を一貫して把握できる統計資料は存在しないが，2004〜2013年に関して中央銀行（Bangko Sentral ng Pilipinas: BSP）が集計・公表していた年次サーベイ報告（Survey on Information Technology-Business Process Outsourcing Services Report 以下，BSPサーベイ）に業界団体等の発表を加え，フィリピンIT-BPO産業を概観する[3]。

2-1 統計からみる成長

では，BSPサーベイと国際収支統計等をもとに，同産業の総売上額と輸出額（図6-1），サービス貿易収支（2005〜2017年，図6-2），部門別雇用者数（図6-3），被雇用者の平均所得と全国平均所得の比較（図6-4）をみてみよう。産業全体の売上額と輸出はサーベイ期間をとおして増加し，売上額の90％超を占める輸出（図6-1および図6-2の「その他業務サービス」が該当）は，フィリピンのサービス貿易の黒字化に大きく貢献していることがわかる[4]。2016年の売上額は約223億USドル，同年のエレクトロニクス産業による輸出（285億USドル），海外労働者（Overseas Filipino

---

3）　対象企業数と部門別の業務内容については，BSPサーベイ各年版の巻末を参照されたい。BSPによるIT-BPO産業の調査は2004〜2013年の10年間のみ実施され，その後の調査は，フィリピン統計庁に移管された。現在は，産業センサス（CPBI）と年次事業所統計（ASPBI）の「業務・支援サービス」および「情報・通信サービス」部門のデータをもとに，IT-BPO産業に関する特別レポートをウェブサイト上でのみ公開している。内容をみると，(1)BSPサーベイやロードマップ等で公表されている事業社数や被雇用者数と推計数値が乖離している，(2)CPBIやASPBIの基本的な公表形式である地方別や被雇用者数での区分データが作成されていない。そのため，本章では参考値以外の目的では利用していない。

4）　BSPは国際収支品目区分として2012年から Balance of Payments Mechanism 6（BPM 6）を適用しており，図6-2ではBSPがさかのぼって修正データを公表している2005年から直近（2017年）の数値までとした。旧BPM 5を適用した国際収支（BSP公開データは1999〜2011年）とあわせてみると，財貿易がつねに赤字であるのに対して，サービス貿易は両BPMに基づくデータ双方で2005年から黒字基調となっており，その額も増大傾向にある。また，項目の一貫性は確保できないものの，IT-BPO産業が含まれる「通信サービス」や「その他業務サービス」部門が，ほかのサービス貿易による赤字分を解消していることがわかる。

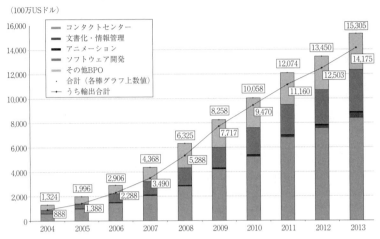

図6-1 IT-BPO産業の部門別売上額および輸出額

(出所) BSPサーベイ（各年版）より筆者作成。
(注) 「その他BPO」の事業内容については、BSPサーベイを参照。

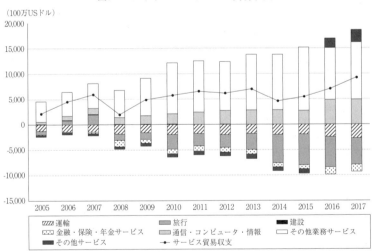

図6-2 フィリピンのサービス貿易収支

(出所) BSPウェブサイト（Balance of Payments）より筆者作成。
(注) その他サービスは、2015年まで (1)個人・文化・娯楽サービス、(2)知的財産権等使用料、(3)公的サービス等からなり、2016年以降は (4)委託加工サービス（2016年は約27億USドル、2017年は約35億USドルの黒字）が項目として追加されている。

Workers: OFW）送金（258億USドル）に次ぐ外貨獲得源に成長した。世界銀行の推計によれば，2018年には350億USドルを稼得する産業となり，OFW送金額を超えると予測されている（World Bank 2016a）。

部門別雇用者数を示した図6-3からは，産業全体の雇用者数は一貫して増加しているが，2007年から示した前年比増加率をみると，2010年代には0（前年比ほぼ横ばい）～20％増となっていることがわかる。前年比減となっている部門と時期（2008年の文書化・情報管理部門，2009年のソフトウェア開発とアニメーション部門）があるが，これらはおもな顧客が欧米先進国企業であることから，リーマン・ショックの影響を受けたものと考えられる。依然としてコンタクト・センター部門での雇用が半数を超えるが，BSPサーベイ期間以降もソフトウェア開発や文書化・情報管理部門（とくに医療情報管理）の雇用増加がみられ，人材の確保が急がれているという。IT-BPO産業の部門横断的な業界団体（IT & Business Process Asso-

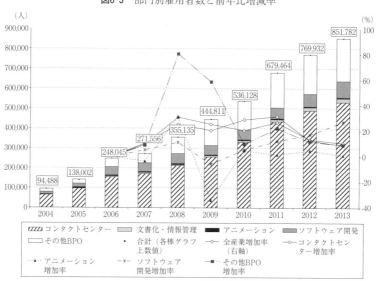

図6-3　部門別雇用者数と前年比増減率

（出所）　図6-1に同じ。
（注）　前年比増減率の振幅が大きい2005～2006年については割愛した。

ciation of the Philippines: IBPAP）によれば，産業全体での雇用者は2017年時点でも前年比20％増を維持しているとのことである[5]。IBPAPの調査では，直接／フルタイム雇用数は2015年末時点で約124万人（IBPAP 2016a），2016年末時点では約130万人である[6]。

では，同産業の被雇用者はどの程度の年収を得ているのだろうか（図6-4）。2007年以降，ソフトウェア開発従事者の年収の上昇が著しいため，全部門平均を大きく押し上げていると考えられる（たとえば，2013年時点の同部門を除く平均年収を算出すると約7000USドル）が，どの部門において

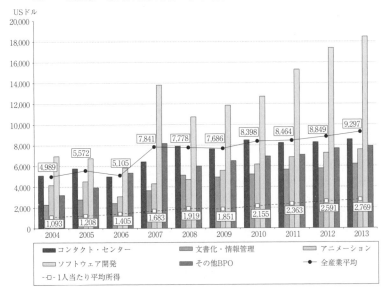

図6-4 全産業・部門別被雇用者の平均所得と全国の1人当たり平均所得

（出所） 筆者作成（部門別雇用者平均所得は図6-1に同じ。1人当たり平均所得（全国）はIMF Databaseによる）。

5） IBPAPでの筆者によるインタビュー（2016年10月および2017年2月実施）。
6） BSPサーベイとは部門区分が異なるが，内訳は以下のとおり。コンタクト・センター：81万3000人，バックオフィス／情報処理・管理：21万人，IT関連サポート・サービス：9万6000人，医療情報管理：9万7000人，エンジニアリング設計：1万4000人，アニメーション：1万1000人，ゲーム開発：4000人。2016年末の雇用者数は，2017年10月に筆者が実施したIBPAPでのインタビューによる。

第6章　ビジネス・プロセス・アウトソーシング産業

も最低でも全国平均（図6-4の1人当たり平均所得）の2倍相当の年収を得ていることがわかる[7]。おもに大卒人材に限られるが，IT-BPO産業への就労は都市圏でより高い所得を得る重要な機会であり，産業振興のための官民共同作成による行動計画（次項）のもとで，継続的な成長を企図しているのもうなずける。

つぎに，サービスの輸出先をみてみよう（図6-5）。BSPサーベイ期間は，アメリカ一国が全体の70〜80％，欧米（アメリカ，カナダ，欧州諸国）

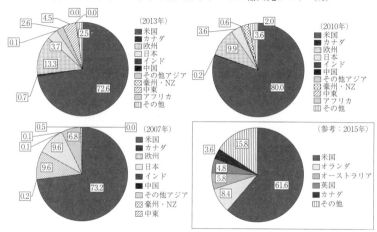

図6-5　フィリピンからのIT-BPOサービス輸出先シェア（％）

（出所）　2013，2010，2007年についてはBSPサーベイ（各年版）より筆者作成。右下の2015年分についてはPSA（2018）による。
（注）　欧州：英国，ドイツ，スイス，アイルランド，オランダ，デンマーク，スペイン，イタリアなど。
　　　その他アジア：シンガポール，タイ，香港，マレーシア，インドネシア，韓国，カンボジアなど。

7）　産業全体の平均所得は，最大集積地である首都圏の平均所得（煩雑になるため図6-4では表示していない）も上回っている。PSAの直近データ（ASPBI 2015年版）では，産業全体の平均所得は9186USドル，BSPサーベイとは区分が異なるが，平均所得が高い5部門は金融・会計業務の2万263USドル，給与・取引処理業務の1万7122USドル，コンピュータ・プログラミング業務の1万4239USドル，ソフトウェア出版の1万3997USドル，業務管理支援の1万3314USドルである（ASPBIの金額表示はペソ建て。BSPによる2015年の通年対ドルレートをもとに算出）。

で約90％を占める傾向に変化がないため，最終年（2013年）から3年ごとにさかのぼったデータと，フィリピン統計庁（Philippine Statistics Authority: PSA）の直近データ（2015年）を参考に示した[8]。2010年代からは，全体の数パーセントではあるが東南アジア諸国への輸出が記録されており，距離的に近い英語圏であるオーストラリアやニュージーランドとの取引も，フィリピン国内への企業進出によって拡大しているとみられる。また，2015年には欧米向け輸出シェアが初めて全体の80％を下回った。取引先国や国内に進出する企業は，徐々に多様化していることが観察できる。

2-2 産業行動計画（ロードマップ）の概要と見通し

フィリピン国内でも，IT-BPO産業への関心はアロヨ政権後期（2004～2010年）に「投資優先産業」（Priority Investment Industries）のひとつに指定されたのを契機として飛躍的に高まり，2000年代後半からは産業政策の一環として，貿易産業省（Department of Trade and Industry: DTI）とIBPAPが主導する官民共同イニシアチブによって，雇用数や世界市場でのシェア等さまざまな目標を含む「関係省庁・機関が産業全体と共同で推進すべき行動計画（ロードマップ）」が作成されるようになった。

表6-1には，2017～2022年までの産業成長目標とその実現手段を定めたロードマップ（IBPAP and Frost & Sullivan 2017）の概要をまとめた。6項目挙げられている具体的な数値目標は，「雇用・人材育成」，「産業構造の高度化・多様化」，「産業規模の拡大」の3分野に大別できよう。これらから，雇用可能な若年を中心とする十分な労働力を確保すると同時に，彼らの技術・知識の質を継続的に向上することで産業の成長と海外誘致を持続させ，国際市場競争においてリードする／生き残ろうとしていることがわかる。

本ロードマップが発表された2016年8月のIBPAP総会では，「直近数年間の国際市場における（フィリピンIT-BPO産業の）見通しは明るい」としながらも，IT-BPO産業が扱うサービス領域や，提供するサービスの種

8）　同産業への海外直接投資（FDI）も同様の各国・地域別シェア傾向を示している。近年の傾向を把握するのは難しいが，過去の詳細についてはBSPサーベイを参照。

類・複雑度は変化しつつあるとしている。サービス領域（提供方法）の変化には，(1)先進国企業はコスト効率を重視した進出先（国・都市）選択から，国際競争における優位性を重視した選択へ移行しつつあり，(2)高度解析機能を備えた機器・ソフトウェアやInternet of Things（IoT）など，インターネットを介して多様なデバイスを併用したサービス提供への適応を迫られることを挙げている。一方，サービス類型とその複雑化には，(1)自動化（automation）や機械学習（machine learning）[9]が顧客との取引

表6-1　産業ロードマップ2017-2022の概要

	主要（数値）目標	直近の実績 （見通し含む）	付随プログラム （前ロードマップや既存制度の継続・強化も含む）
雇用促進・人材育成	産業内直接・フルタイム雇用：180万人	120〜130万人 （2015〜2016年）	・（再）就労教育の受講・奨学金補助 ・高等学校／大学新卒，キャリア変更希望者への新技術習得教育の提供
	直接／間接／関連分野での雇用：計760万人		
	首都圏外での雇用創出：50万人	約25万人 （2015年末推計）	
産業構造の高度化・多様化	中〜高技術職の割合強化：直接雇用の73%	53%（2016年見込み）	・ビジネス／ITスクールにIT-BPM事業管理に特化したプログラムを設置 ・高技術専門職創出を目的とする機関の設立 ・既存教育制度での理数系教育の強化
産業規模の拡大	売上額：400億USドル	250億USドル （2016年見込み）	・ロードマップ期間中の国外キャンペーン戦略の策定 ・官民共同委員会の設立による国家開発戦略への組込み
	世界シェア：15%	12.7%（2016年見込み）	

（出所）　IBPAP and Frost & Sullivan（2017）およびIBPAPウェブサイトより筆者作成。

9）「自動化」とは，機械や機器によって人手を介さず（作業工程などを）制御・管理・連携させること，あるいはそれを実現する技術。この場合，業務管理プロセシングなどのサービスにおいて大量かつ反復して行われる作業に導入し，作業効率を上げるとともに，均質化を実現することである。「機械学習」とは，コンピュータに既存のデータセットを解析させ，そのデータから有用な規則，知識表現，判断基準などを抽出したり，または，これらに従って将来のデータセットを予測させる機能。

プロセス（現実のやりとりや作業の進捗，サービス提示の頻度）に変化をもたらし，(2)上記の技術が複数のサービスを統合・組み合わせて提供することを促進し，サービス内容自体の複雑性が増すと予想される，(3)（その結果）サービス提供側に要求されるスキルセットも大きく変容・高度化すると予測している（IBPAP 2016b）。

このような状況の変化を勘案しつつも，現ロードマップでは最終年に当たる2022年時点での国内におけるフルタイム雇用者数を約180万人と予測している。内訳を挙げると，単純なプロセシングなど初任者や低い技術レベルでも可能なサービス部門では，2015年末時点の47万3000人から2022年には44万5000人に減少するが，ある程度の経験知と概念的思考，状況に応じた対応が可能な中程度スキルを要する部門では，46万2000人から83万8000人に増加，さらに，専門知識を要する複雑な業務をこなし，概念的思考と自律的な判断が必要な高スキル部門では，16万5000人から53万5000人に増加するという。この予測のもとでは，産業全体で毎年10〜12万人の新規雇用需要が発生し，6年間で最大72万人の新規フルタイム雇用が可能だとしている（IBPAP and Frost & Sullivan 2017, 90-91, 105-106）。

3．国際的にみるフィリピンIT-BPO産業の位置づけと課題

フィリピン国内で公表される指標や数値をみると，急速に発展した将来見通しも明るい新興産業像を描きがちだが，より高い所得レベルと豊富な雇用機会を国内労働市場にもたらすIT-BPO産業を誘致したいのは他国も同様である。すでにBSPサーベイ2005年版において，「BPOサービスの低付加価値部門では，中国，ベトナム，東欧諸国との競争が激しくなっている」とIBPAPが認識していると報告されている。産業の成長を維持するためには，フロントランナーであるインド等との国際競争が可能な人材と環境，多様化・高度化したサービスを提供する企業の集積地が，首都圏外にも分散している状況を実現しなければならない。本節では，フィリピン国内のIT-BPO集積地が国外からどのように評価されているかをみる。

3-1 国内集積地の位置づけと評価

　アメリカ英語を話す比較的低廉なコストの人材を多数雇用できることから，1990年代終盤から2000年代初頭にコンタクト・センターが相次いで設立され，フィリピンは先進諸国からの主要な進出地のひとつとなった。現時点では，多国籍企業の非音声サービス事業拠点の誘致へと移行しつつ，サービス内容の多様化と高度化を企図している段階にあり，インドのように国際市場でも優勢な国内企業は，まだ登場していない。IBPAPの会員企業リスト298社（2017年8月末時点，IBPAP（2016a）も参照）のうち，登記企業名をフィリピン証券取引委員会の企業財務情報サイト（SEC i-View）で確認できた約200社の会社概要によれば，国内資本所有率が50％を超える企業数は会員企業数の10％程度にとどまる。また，雇用者数が判明している範囲では国内企業は平均で100人以下であり，大規模な場合には複数拠点で数万人を雇用する外資系会員企業と比較すると非常に小さい。国内資本企業も輸出サービスを行っているが，より高度化したサービスの提供だけでなく，事業展開の規模や参入企業数のさらなる拡大が必要とされる[10]。

　では，フィリピンのIT-BPO集積地はどのように評価されているのだろうか。たとえば，Tholons（2016）やNASSCOM and Tholons（2014）が，進出企業へのアンケート実施や各地での調査・情報収集をもとに，地域・国・都市別の比較材料を提供している[11]。表6-2は，毎年公表されている「進出先として最適な（選好されている）100都市」の2016年版ランキングから集計した。10位以内に複数の都市がランキングされている国はインドとフィリピン（2位マニラと7位セブ）のみであるが，26位以下をみる

---

10) IT-BPO産業の世界的な事業展開と途上国における発展の見通しをまとめた文献にはFernandez-Stark, Bamber and Gereffi（2011）があり，とくにFigure 1（p.7）が全体像を把握しやすい。なお，2017年8月時点のIBPAP会員リストからは，インド企業2社がすでにフィリピン国内に進出していることが確認できる。

11) コンサルティングや情報通信，コンピュータ関連の他社による同様の資料もあるが，(1)全世界に存在するIT-BPO集積地を網羅している，(2)2年ほどのタイムラグは設けているものの，資料の全文を公開しているのが上記2資料である。次項で参照する文献などでも引用されている。

と，この２市に続く都市がインドと比較すると少ないことがわかる。内訳は61位にダバオ市（前年度から３ランク上昇），76～100位に高ランク順でラグナ，バコロド，イロイロ，デュマグエテ，バギオ，クラークの６市であるが，デュマグエテを除く５市は，同2016年時点ですでにIBPAPが「企業の集積とサービスの多様化が観察できる国内のIT-BPO中核都市」（Centers of Excellence for IT-BPM）と位置づけている。IT-BPOサービスの内容を「業務BPM」，「金融・会計サービス」，「知識サービス」，「テクノロジー・サービス」および「エンジニアリング・サービス」（後者になるほど内容は高度化する）に分類して評価しているNASSCOM and Tholons（2014, 4）は，上記５部門すべてで「進出可能，すでに市場規模が大きい都市」としてインドの６市を挙げているのに対し，フィリピンでは首都圏が業務から知識サービスまでの３分野，セブでは業務と金融・会計サービスまでが「進出可能」だとしている[12]。国内と海外企業との認識の乖離の原因として，(1)ランキング10位以下のフィリピンの都市は，中東やラテン・アメリカなど他地域における社会・政治的不安定化に影響を受け，

表6-2　Tholons社によるIT-BPO集積地トップ100都市の地域別分布（2016年）

	1-10位	1-25位	26-50位	51-75位	76-100位	合計
インド	6	8	2	3	0	13
フィリピン	2	2	0	1	6	9
東アジア	0	4	3	2	1	10
東南アジア	0	3	1	2	1	7
南アジア	0	1	0	0	0	1
欧州	2	5	4	6	2	17
北米	0	0	1	2	2	5
中南米	0	1	12	4	8	25
中東・アフリカ	0	1	1	2	5	9
その他	0	0	1	3	0	4

（出所）Tholons（2016, 2-5）より筆者作成。
（注）インドおよびフィリピンは，下段地域別の都市数に含まれない。各地域の内訳は，東アジア：中国・韓国・台湾，北米：アメリカ合衆国・カナダ，その他：ロシア・オーストラリアなど上段地域内以外の国。

「より安全な」選択肢として認識された結果である，(2)著名な多国籍企業が進出済みであるため上位にランクされるセブ市でも，依然として業務プロセス部門が中心であり，IT技術サービス分野や知識型サービス部門の蓄積が不十分であることが指摘されている（Tholons 2016, 11-12）[13]。したがって，(1)の要因が改善／解消されれば，26位以下に数多くランクしている欧州（東欧）やラテン・アメリカ諸国都市との誘致競争がより激しくなることが予想される。ほかの選択肢との比較による消極的な結果ではなく，将来的には積極的に選好される産業・サービス構成や投資環境・制度を作り上げる必要が生じている。

3-2 成長維持への課題──外部からの指摘──

では，国内外の外部者はフィリピンのIT-BPO産業が今後も世界市場でプレゼンスを維持・拡大し続けるには，どのようなボトルネックを克服すべきだと指摘しているだろうか。また，同産業の成長が国内にもたらす影響をどのようにみているだろうか。以下では，研究機関や国際機関等による文献を中心にまとめる。

まず，サービス内容の高度化が進む趨勢と国内人材の能力との乖離を懸念したものには，Kaitel and Ledesma（2013），Lee, Vari-Kovacs and Yu（2014）等がある。背景には，2013年にようやく2年間の高等学校（senior high school）課程が導入されたことがあろう。同年以前の初等および中等教育は，小学校（elementary school）6年と中学校（high school）4年の計10年と世界的に普及している12年よりも少ないため，国内でも「人材の質」に関する議論は長年続いていた[14]。他方，雇用可能（near hireあるい

---

12) NASSCOM and Tholons（2014, 4）は，集積地トップ100都市のなかから大陸別に主要都市を抽出し，各都市のサービス5分類ごとに「進出可能」（Location Stars），あるいは「当該サービスの成長性が高いとみなせる」（Watch List）で評価した表を示している。
13) NASSCOMウェブサイトによると，インドの知識型アウトソーシング（Knowledge Process Outsourcing: KPO）部門は世界市場の63％を占め，2001年には2億6000万USドルだった売上額は2015年に152億USドル，2019年には555億USドルにまで拡大すると推計されている。

はemployable）な人材増を図るIT-BPO専門の教育制度の必要性を最大の課題としつつ，産業サイドが今後の成長余力がとくに高いとしている首都圏外の都市（表6－3のNext Wave CitiesやTop 10 New Emerging Cities，後述）における通信インフラ整備を含むビジネス環境の向上も挙げているのがFrancisco and Parlade（2013）である。

また，IT-BPO産業の構造に注目し，産業規模の拡大ペースに比べると国内企業が育っておらず，外資系・多国籍企業に産業の伸張を依存している現実を改善するため，国内中小企業も参入できるようなインセンティブづけや法制度の整備も不可欠だとするMitra（2011）がある。先行するインドではすでに，国内企業が主導してサービス内容の高度化にも成功していると判断しているからだろう。近年ではMitraの主張に呼応するように，外資系企業と比較すると規模の小さい国内（中小）企業にも参入機会と輸出インセンティブ（フィリピン経済特区庁［Philippine Economic Zone Authority: PEZA］の輸出企業認定など）が得られるような制度改革を望むものや，すでにPEZA認定を受けた企業がその資格を失わずに国内の（潜在的）顧客にもサービス提供が可能となる税制改革を，現政権に要請する見解も公にされている（Leechiu（2016）など）[15]。

さらに視点を変えると，ADB（2012）は，一産業の成長を傾斜的に後押ししたり，産業規模の拡大を過度に重視することでほかの産業の成長を阻害する可能性と，IT-BPO産業での雇用につながる教育機会（中等教育まで）の有無で，就労機会や所得格差がさらに拡大する可能性を指摘している。依然としてコンタクト・センター中心の産業構造により，現時点では（他産業でも必要なはずの）大卒人材が産業内では比較的低位とされる部門に吸収されていることを懸念しているからだと考えられる。

他方，教育制度の改編と時期を同じくして産業に関連する人材育成制度が整備されていく過程では，他産業にも同様の動きが計画される（バンド

---

14) なお，高校課程の導入とともに幼稚園（1年）から高校までが義務教育化された。教育制度改革の経緯に関しては，第2章の記述も参照されたい。
15) Leechiu（2016）では，PEZA企業認定の取得に関して，首都圏内外におけるIT-BPO企業への最小床面積規定の引上げが検討されていることを問題視している。

ワゴン効果）可能性を指摘する Del Prado（2015）や，首都圏外での電力・通信を含むインフラ整備にまだ課題はあるとしながらも，とくに首都圏を例にとり，IT-BPO 産業が集積する都市において外食や小売関連サービスなどの周辺産業が拡大し，間接的雇用を創出するスピルオーバー効果を強調する World Bank（2016a; 2016b）がある。中学校課程への進学と修了が教育の継続における重要な分岐点となっている国内の現実を勘案し，長年の政策的課題のひとつである若年層の失業／不完全雇用率の改善や解消を，また，直接雇用される教育を受けていない貧困層にも稼得機会の恩恵をもたらすことを，成長が見込める比較的新たな産業部門に期待していると考えられる。

　なお，投資元である先進国・多国籍企業サイドにも，相反する見解がみられる。たとえば，2017年8月の在フィリピン外国商工会議所（The Joint Foreign Chambers of Commerce of the Philippines）フォーラムでは，「IT-BPO 産業と海外労働者送金のみに経済のドライブを依存するのではなく，農業や高付加価値商品を輸出する製造業を真剣に振興し，国内に地域分散させることで産業を多様化しなければ，先進国に列するレベルの経済発展を実現できない」と，ADB（2012）と同様の懸念が表明された。同時に他方で，「フィリピンに中間所得層を生み出したIT-BPO 産業は重要であり，さらに誘致すべき」で，「シェア・サービス（shared services）も視野に入れたサービスの高度化を図り，既存部門の維持と新たな投資企業を誘致できるようなインセンティブ」がなければ，「フィリピンから（競争力のある）中国やインドへ移転するだろう」と，現政権の「開発計画」や「10ポイント・アジェンダ」よりも踏み込んだ政策の実現を要請する意見もあったと報道されている[16]。

---

16) BusinessWorld紙ウェブサイト版，2017年8月24日（http://www.bworldonline.com/arangkada-forum-explore-phl-industrialization　2018年11月19日最終アクセス）。

表6-3 ICT関連の課程を実施している職業訓練・技術教育

地域(Area)	地方（Region）	COE (●) NWC (○) NEC (◇)	実施機関数	職業訓練・技術教育課程あり HEI/SUC/LUC	TVI	その他
ルソン	NCR 首都圏	●	881	93	791	14
	CAR コルディリェラ	◇	102	17	81	11
	I イロコス	○◇	182	55	114	13
	II カガヤン・バレー	◇	75	24	43	8
	III 中部ルソン	●○◇◇	496	105	368	26
	IV-A カラバルソン*	●○○○○◇	442	89	344	11
	IV-B ミマロパ	◇	130	16	101	13
	V ビコール	○◇◇	222	45	152	25
ビサヤ	VI 西部ビサヤ	●◇	167	36	116	16
	VII 中部ビサヤ*	●○	359	38	300	21
	VIII 東部ビサヤ		88	30	43	15
ミンダナオ	IX サンボアンガ半島		152	42	107	5
	X 北部ミンダナオ	●	191	36	127	28
	XI ダバオ	●◇	186	36	141	9
	XII ソクサージェン		158	45	109	4
	XIII カラガ		82	49	26	7
	ARMM		71	16	54	13
	合計		3,984	772	3,017	239

（出所）TESDA 2017およびIBPAPウェブサイトより筆者作成。
（注）1）1機関が複数のカテゴリを併設（HEIとTVIなど）している場合があるため，カテゴリ別の合計 HEI (high-educational institutions), SUC (state universities and collages), LUC (local universities TVI (technical and vocational institutions)は技術教育・技能開発庁（TESDA）の認可・監督 その他に分類した機関・課程には，TESDAが直接運営するTESDA Technology Institution, 省が監督）が実施する課程，地方自治体／NGO／基金が運営する機関などがある。
2）TESDA公表の元データに情報欠落（機関名とカテゴリ双方の記載がない場合など）がある機関
3）ARMMはムスリム・ミンダナオ自治地域（Autonomous Region in Muslim Mindanao）を指す。
4）表内各記号が示す内容は，以下のとおり。記号の数は都市数をあらわす。
  *各地方の開発計画（Regional Development Plan）においてIT-BPOを優先産業に指定
  ●IBPAPがIT-BPM産業の中核拠点（市，Centers of Excellence）に認定
  ○（同左）中核拠点への発展が期待できる市（Next Wave Cities）
  ◇（同上）NWCへの発展が期待できる市（New Emerging Cities）

機関（2017年9月時点）

うちICT課程あり			うちNCⅢ以上のICT課程あり		
HEI/SUC/LUC	TVI	その他	HEI/SUC/LUC	TVI	その他
44	213	3	26	104	1
6	9	1	5	4	0
9	14	1	4	10	0
0	1	0	0	0	0
46	95	2	38	64	0
16	64	0	10	35	0
4	5	0	2	3	0
12	40	0	6	22	0
1	14	1	1	5	1
11	40	3	8	15	0
3	2	2	1	0	0
22	33	2	20	23	1
15	20	1	10	15	0
10	19	1	9	16	1
17	15	0	12	9	0
13	7	0	11	6	0
2	10	1	0	2	0
231	601	18	163	333	4

と機関数は必ずしも一致しない。機関カテゴリの略称と分類基準は以下のとおり。
and collages)は，高等教育委員会(CHED)の認可・監督下にある高等教育機関。
下にある機関。
国有企業と政府系金融機関が運営するもの，新たに導入された国立の高等学校（教育
については，本表より除外した。

4．人材確保と育成，インフラの現状

前項で挙げたさまざまな課題は，国内研究機関や内外研究者による産業自体に関するもの，ステークホルダー等による産業構造や政策・実務面での改善を要求するもの，国際機関等による一産業の発展が国内経済や他産業に及ぼす影響という観点からの指摘に大別される。本節ではこれらのなかから，ロードマップでも認識され，言及されている「人材」と「インフラ」について，公開されている統計・資料等をもとに現状を検討する。

4-1 人材育成と教育制度

第2節でみたように，産業の成長見通しに基づいて雇用可能な人数を推計することと，見通しを実現できる人材を雇用できるか否かは，別問題である。音声サービスよりも高度なサービスを提供する部門を拡充し，「産業構造の高度化・多様化」と「産業規模の拡大」を実現するのにまず必要なのは，人材であるからだ。ロードマップに挙げられた課題をまとめると，以下のようになる（IBPAP and Frost & Sullivan 2017, 91-93, 100-108）。

第1に，IT-BPO産業が，長期的にキャリアアップを図り，管理職や経営者になることが可能な専門性をもつ産業であると十分に認識されていないことを挙げている。したがって離職率が（インドの同産業と比べて）高く，採用困難が常態となった部門があるとする。第2に，サービス内容の高度化にともなって最低限の雇用要件に大卒資格が，部門によっては雇用者の過半で修士号取得以上が望ましくなると予想されるが，専門技術職として認識される制度が確立されていないこと，また，産業内で長期的キャリアを志向する者やキャリアパスを変更する意欲をもつ者が，知識や技術を習得できる環境が整っていない点を懸案事項としている。急速に成長した産業側が求める人材プールに余裕がない状況だと考えられる。

IT-BPO産業に限定した労働市況が把握できる資料はほとんどないが，PSAが2014年に実施したサンプル企業アンケート調査に基づく産業概要（PSA 2016）[17]を例に挙げる。この調査では，対顧客サービスの管理職や

コンピュータ専門職，システム・アナリストや金融・販売（準）専門職を中心に，採用困難なポスト数は約4万1000人分と推計している。そして，事業者はその理由を，「必要な適性やスキルに欠ける」（53.4％），「経験年数が足りない」（23.7％），「応募者の要求給与水準が高い」（14.6％），「応募者数がない／非常に少ない」（8.4％）と回答したと報告している。

では，産業側の懸念を縮小／解消する（はずの）大学等の高等教育や職業訓練・技術教育の現状をみてみよう。まず，図6-6に年度ごとの大学および高等教育機関のIT関連専攻卒業生数（左軸，人）と全入学／卒業者数に占める割合（右軸，％）を示した。同分野は政府が人材増をめざす理数・医療系が中心の「優先専攻7分野」のひとつに指定されているため，

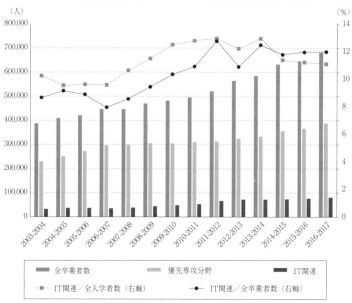

図6-6 高等教育卒業生に占めるIT関連専攻学生数と割合

（出所）　CHEDウェブサイトより筆者作成。

---

17) PSAは，2010年から隔年でIT-BPO企業へのアンケート調査を実施しており，最新版は2016年実施分。本章では，公開内容が最も詳しい2014年実施分をとりあげている。

7分野の合計卒業生数も示した。IT専門卒業生数はデータ期間中に約1.7倍に増えたが,昨年度卒業者数でも産業側が採用可能とする最低10万人／年を数万人下回る。割合でも約3％ポイント増加しているものの,直近数年間は伸び悩んでいる。ただし,2014／2015年度以降は,入学者数に占める割合と卒業者数に占める割合が逆転している。専門分野別の就業先を示すデータはないが,学生が労働市況の情報を得て（ドロップアウトせずに）卒業し,求職するようになった結果を反映しているのであれば,入学者数を増加させることによって人材不足を徐々に解消できる可能性はあるだろう。

 高等教育を補完する教育・訓練制度の実施状況を表す資料として,**表6-3**には,2016／2017年度の職業訓練・技術教育機関名と各機関が実施する課程（コース）の一覧から,IT関連課程をひとつでも実施している機関,さらに,技術教育・技能開発庁（Technical Education and Skills Development Authority: TESDA）がより大学教育に近いと位置づけるNC Ⅲ（最高はNC Ⅳとディプロマを授与できる区分）レベル以上の課程を実施している機関数を,地域（Area）とその下の行政区分である地方（Region）別に集計して示した[18]。地方名の右列は,IBPAPが2016年に認定した中核都市（Centers of Excellence: COE）,COEに次ぐ都市（Next Wave Cities: NWC）,NWCをめざす都市（Top 10 New Emerging Cities: NEC）の数である。IT-BPO産業が進出済みの都市に教育・訓練機関も偏在しているのは明らかであるが,教育者・指導者養成課程も含まれ,より専門的で産業側が要求する雇用レベルに近づくNC Ⅲ以上の課程を実施する機関数が非常に少ない現実がみてとれる。なお,2016／2017年度の一覧のなかでIT関連専門

---

18) 一覧の取得は2017年9月。職業訓練・技術指導課程では,各コースを完了した受講者が習熟度評価を受けて一定基準を満たすと評価証明書を取得できる。TESDAは所管するコース別の受講者,修了者,評価受験者,評価証明書の取得者数を公表しているが,財政予算や,特定コースの新設や増設に関与する業界団体等の協賛資金の多寡に影響を受けるのか,年度別の開講状況に大きなばらつきがあることから,本項では参照していない。なお,高等教育委員会（Commission on Higher Education: CHED）による同様のデータは公表されていない。

のディプロマを授与する課程をもつ機関は，中部ビサヤ地方セブ市にある国立大学1校のみである。表6-3の元データをみると，約10機関がNCⅣレベルの課程を新設しているが，現時点では，キャリアパスの変更や大学教育以外の制度でIT関連の専門知識や技能を習得するには，まず産業集積地に移動しなければならず，教育・訓練機関へのアクセスは大きく不足している。すでにみたように，現時点で明らかになっている年数万人の人材需給ギャップを解消するには，ロードマップの付随プログラムのなかでも，とくにTESDAが所管する大学教育以外の選択肢となる教育・訓練課程の充実に産業側が積極的に関与しなければならないだろう。表6-1右列の付随プログラムがめざす「高等教育の学位・資格」や「職業訓練・技術，訓練制度の充実」は，導入しても短期間で実績や効果が出るものではないだけに，教育内容および訓練機関の地域分散も考慮しながら官民で予算を確保し，早急かつ継続的に取り組む必要がある。なお，IBPAPは2017年に，IT関連業務の担当者や専攻学生を対象とする年1回の奨学金つき短期研修プログラム[19]をフィリピン大学および情報通信技術省（Department of Information and Communication Technology: DICT）との共催で発足させた。すでに雇用されている従事者や高等教育履修学生のスキル習得・高度化を企図したプログラムであるが，非首都圏での開催や頻度の増加，プログラムを多様化する予定の有無は現時点では不明である。

4-2 インフラ

前項の人材に関する課題に比べると，ロードマップにおけるインフラ整備状況への憂慮は小さくなる。前節でみた進出外国企業や産業外から示されている懸念の多くが，国際機関によるビジネス環境評価のランキングな

---

[19] IBPAPウェブサイトによると，データ分析ソリューション（Business Analytics: BA）に関する技術習得を目的とし，最終試験合格者に修了証が授与される9課程／日からなるフィリピン大学（首都圏ケソン市）で実施されるプログラム。応募要件として，雇用証明書や雇用先で受講者が実行（予定）するプロジェクトの概要，BAに関連する教育機関での履修（計画）証明書／ディプロマ／論文の提出などが求められる。2018年も実施されており，合計受講者数は500名を超える。

どに依拠し，国内IT-BPO集積地に限定したものではない一般／全国平均的な記述であることも要因のひとつであろう。物的・人的インフラに関するロードマップの記述からは，(1)インターネットなどのコネクティビティ，投資環境・制度に関する外部評価の比較ではインドや中国に劣後するものの，ほかの新興諸国とは十分に競争できていること，(2)オフィス・スペースは順調に供給されており，賃貸コストはまだ国際的にも比較的安価であること，(3)インド・中国と比較すると大卒者数は少ないものの，雇用コストが低く，彼らの英語習熟度の高さがある程度(1)を埋め合わせる国外評価を得ていると考えていることがうかがえる (IBPAP 2016a, 32-42)。現状では，(1)首都圏外の都市でも，最も環境が整備されているビジネス地区にオフィス・スペースが集中していること，(2)これら施設は，大手不動産開発業者による既存オフィスビル（の一部）の改修や新規建設と運営・管理のもとで，PEZAの「ITパーク（街区）／センター（施設）」として認可されていること，(3)IBPAPは参入企業である会員のほかにも，建設・不動産開発企業やそれらを傘下にもつ持株会社，金融機関，ロジスティクスや通信機器，プロバイダ企業等の加入を準会員という形で認めており，産業に関連の深い他産業・業種企業とも連携していることなどが観察できる。これらも現時点でのDTIやIBPAPの楽観に少なからず影響していると考えられるが，第3節でみたように，国内IT-BPO集積地に対する評価には，国内外で無視できない乖離があることも事実である。産業が必要とする人材の育成とその維持・確保をめざす教育・職業訓練制度の構築は端緒についた段階であり，英語の習熟度のみでは，ほかの新興国との競争において長く優位性を保つことは将来的に困難になるだろう。したがって，コネクティビティや安定的な電力供給など，各IT-BPO産業集積（候補）地の物的インフラを含むビジネス環境についても，フィリピン／産業団体側からの向上と定期的に数値を用いた国内外への開示努力が求められる。たとえば，IBPAPが認定・公表しているNECおよびNWCに関する情報提供が考えられる。DICT，民間不動産コンサルティング会社とIBPAPが共同で作成したNECスコアカードとNWCスコアカードをもとに，人材・インフラ・コスト・ビジネス環境の4項目に関してIT-BPO企

業の参入と成長を支援する行政能力をスコアリングしたうえでIBPAPが選定しているため，これらの認定をめざす都市の行政機関が満たすべき要件を公開し，認定後も4項目の整備状況の進展を国内外に数値を用いて定期的に示しながら「格上げ」を行うなど，施設を提供している不動産開発・販売業者など準会員からの情報も動員しながら，ビジネス環境ランキング等より具体的かつ集積（候補）地に限定した情報提供は可能だと考えられる。また，IBPAP会員の9割を占める外資系企業および国内企業の国外顧客の要望やフィリピンにおける事業展開の指向をもとに，非首都圏の産業振興を重視する現ロドリゴ・ドゥテルテ政権の「開発計画」(Philippine Development Plan 2016-2022)，さらには長期開発計画「AmBisyon Natin 2040」の実現段階において，インフラや制度整備面の織込みを継続的に働きかけることも必要だろう。

5．おわりに

フィリピンのIT-BPO産業は，約20年で急速な成長を遂げた。約130万人（2016年末）を直接雇用し，彼らには全国平均をはるかに超える所得と，経済にはサービス貿易収支を黒字化する外貨をもたらしている。技術・情報革新によるサービス内容の複雑化・高度化や使用するツール・技術の変化に対応し，自国のプレゼンスを国際市場で維持すること，また，職業訓練・教育を含む制度整備を行い，より多様化した雇用機会とチャネルを将来にわたり国内に提供できる産業に発展させることは，直接投資を誘引できる産業が多くはないフィリピンにとって，今後も重要なイシューのひとつであり続けるだろう。他方，ロードマップでは6年間で580万人に上る間接雇用の創出を見込んでいる。直近では一部の部門で成長ペースに鈍化がみられるものの，IT-BPO産業の継続的な発展は，教育の継続や修了に困難をもつ貧困層の稼得機会となる周辺産業での雇用増加をもたらし，旧教育制度下では毎年新たに100万人以上が加わるとされていた労働市場への一定の貢献となる。義務教育化を含む新制度の浸透と職業訓練・

教育制度の整備がともに進めば，間接雇用から直接雇用への移行も実現することとなり，中長期的には現政権や長期開発計画が掲げる貧困削減・撲滅にさらなる拍車をかけることも可能かもしれない。

　最後に，IT-BPO産業にも大きく影響する政策・実務に関する直近での動向についてまとめておく。ドゥテルテ政権は「開発計画」のなかで，「IT-BPO産業の誘致に成功したダバオ市」を首都圏外における産業・地域振興の好例として挙げる一方で，前ベニグノ・アキノ政権から引き継いだ貧困家計を対象とする社会政策の実施やインフラ整備を急速に進める財源を確保するために，税制改革を重要政策のひとつに掲げている。2018年1月に下院に提出された税制改革第2弾法案は，経済特区や輸出企業への税制優遇の見直しがおもな内容となっている。2019年から法人税率を28％から25％に引き下げるが，法人税免除期間の短縮や圧縮減価償却の廃止，製品・サービスにおける輸出割合の引上げ（70％から90％へ）など，優遇付加価値税率を適用する条件の見直し等が盛り込まれており，財務省が年内の法制化をめざしている。同法案は下院での審議段階にあり，30項目以上が俎上にあるという改正対象の優遇策がどれだけ存続／変更されるのかは現時点で不透明であるが，IT-BPO産業だけでなく国内のビジネス団体も，対フィリピン投資の減少や国際競争力低下への憂慮を表明しており[20]，財務省と各種団体との協議や議会における審議のゆくえが注目される。

〔参考文献〕

（各URLおよびウェブサイトの最終アクセス日：2018年11月19日）

〈外国語文献〉

ADB（Asian Development Bank）2012. *Asian Development Outlook 2012: Confronting*

20）　Makati Business Clubウェブサイト（2018年3月2日付，https://mbc.com.ph/2018/03/02/mec-tackles-train-package-2-proposal　2018年11月19日最終アクセス），BusinessWorld紙ウェブサイト版（2018年5月28日付，http://bworldonline.com/dof-tax-incentives-remain-under-second-tax-reform-package　2018年11月19日最終アクセス）等を参照。

Rising Inequality in Asia, Manila: ADB (https://www.adb.org/publications/asian-development-outlook-2012-confronting-rising-inequality-asia).
BSP (Bangko Sentral ng Pilipinas) various issues. "Survey of Information Technology-Business Process Outsourcing (IT-BPO) Service Report," Manila City: BSP (http://www.bsp.gov.ph/publications/regular_itbpo.asp).
Celestial, J. 2016. "History of the BPO Industry: In the Philippine Context," presentation details unknown (http://www.slideshare.net/veronicajoycelestial/history-of-the-bpo-industry-in-the-philippines?qid=5b51c2ba-d7c9-42b7-ad2c-a1539e72696&v=&b=&from_search=2).
Del Prado, F. L. E. 2015. "The BPO Challenge: Leveraging Capabilities, Creating Opportunities," Discussion Paper Series No. 2015-36, Quezon City: Philippine Institute for Development Studies (PIDS) (http://dirp3.pids.gov.ph/webportal/CDN/PUBLICATIONS/pidsdps1536.pdf).
Fernandez-Stark, K., P. Bamber, and G. Gereffi 2011. "The Offshore Services Global Value Chain: Economic Upgrading and Workforce Development," In *Skills for Upgrading: Workforce Development and Global Value Chains in Developing Countries*, edited by G. Gereffi, K. Fernandez-Stark and P. Psilos., Duke CGGC (Duke University, Center on Globalization, Governance & Competitiveness) and RTI International (https://gvcc.duke.edu/wp-content/uploads/Skills-for-Upgrading-Workforce-Development-and-GVC-in-Developing-Countries_FullBook-1.pdf).
Francisco, G. and C. Parlade 2013. "Preliminary Study for the Corporate Services Segment of the Information Technology and Business Process Management Industry," ICTO-DST (Information and Communications Technology Office, Department of Science and Industry).
Hanson, G. H. 2002. "The Role of Maquiladoras in Mexico's Export Boom," prepared for the Conference on "Prospects for Industrial Parks in the Palestinian Territories," Rice University, July 26-27 (http://migration.ucdavis.edu/rs/more.php?id=8_0_2_0).
IBPAP (IT & Business Process Association of the Philippines) 2016a. *IT and Business Process Management in the Philippines: Offshoring and Outsourcing (O&O) Directory 2016*, Taguig City: IBPAP (http://www.ibpap.org/it-and-business-process-management-in-the-philippines-offshoring-and-outsourcing-o-o-directory-2016-download).
―――― 2016b. "IBPAP General Membership Meeting: August 25, 2016," presentation material, Taguig City: IBPAP (http://www.ibpap.org/publications-and- press-statements/presentations).
IBPAP and Frost & Sullivan 2017. *Accelerate PH Roadmap 2022, The Philippine IT-BPM Sector: Future-Ready*, Taguig City: IBPAP.
Keitel, R. S. and M. D. D. Ledesma 2013. "The Partnership between Government and

the IT-BPO Industry in their Quest for Inclusive Growth in the Philippines," *International Journal of Development and Sustainability* 2 (3): 2164-2175.

Lee, A., A. Vari-Kovacs, and S. Q. Yu 2014. "Business Process Outsourcing in the Philippines," Lee Kuan Yew School of Public Policy-Microsoft Case Studies Series on Information Technology, Public Policy and Society, Singapore: National University Singapore (https://lkyspp.nus.edu.sg/docs/default-source/case-studies/business-process-outsourcing-in-the-philippines.pdf?sfvrsn=c9960b_2).

Leechiu, D. 2016. "Sustaining growth of the IT-BPM sector," *Philippine Business Inquirer*, 10 October (http://business.inquirer.net/216361/sustaining-growth-of-the-it-bpm-sector).

Mitra, Raja M. 2011. "BPO Sector Growth and Inclusive Development in the Philippines," Washington, D.C.: World Bank (https://openknowledge.worldbank.org/bitstream/handle/10986/27398/660930WP0P122100B0BPO0Sector0Growth.pdf?sequence=1&isAllowed=y).

NASSCOM (National Association of Software and Services Companies) and Tholons 2014. "Global Services Outsourcing Atlas: Executive Summary," August, NASSCOM and Tholons.

PSA (Philippine Statistics Authority) 2014. *ASPBI (Annual Survey of Philippine Business and Industries)*, Quezon City: PSA.

——— 2016. "2013/2014 Industry Profile: Business Process Outsourcing," *LABSTAT Updates* 20 (13) July, Quezon City: PSA.

——— 2018. "2015 Annual Survey of Philippine Business and Industry (ASPBI)-Business Process Management (BPM) Industries For All Employment Sizes: Final Results," Quezon City: PSA (https://psa.gov.ph/content/2015-annual-survey-philippine-business-and-industry-aspbi-business-process-management-bpm).

TESDA (Technical Education and Skills Development Authority) 2017. "List of Technical Vocational Institutions with TESDA Registered Programs," Taguig City: TESDA (https://data.gov.ph/dataset/list-technical-vocational-institutions-tesda-registered-programs).

Tholons 2016. "Tholons 2016 Top 100 Outsourcing Destinations: Rankings & Executive Summary," Tholons (http://www.tholons.com/Tholonstop100/Tholons_Top_100_2016_Executive_Summary_and_Rankings.pdf).

World Bank 2016a. *Philippines Economic Update: Outperforming the Region and Managing the Transition*, October 2016, Washington, D.C.: World Bank (http://documents.worldbank.org/curated/en/908921475239441092/Philippine-economic-update-outperforming-the-region-and-managing-the-transition).

World Bank 2016b. *World Development Report 2016: Digital Dividends*, Washington, D.C.: World Bank (http://documents.worldbank.org/curated/en/896971468194972881/pdf/102725-PUB-Replacement-PUBLIC.pdf).

〈ウェブサイト〉
ACPI (Animation Council of the Philippines): http://www.animationcouncil.org
BSP (Bangko Sentral ng Pilipinas)［フィリピン中央銀行］：http://www.bsp.gov.ph
BusinessWorld［BusinessWorld紙］：https://www.bworldonline.com
CCAP (Contact Center Association of the Philippines)：http://ccap.ph
CHED (Commission on Higher Education)［高等教育委員会］：https://ched.gov.ph
DTI (Department of Trade and Industry)［貿易産業省］：https://www.dti.gov.ph
IBPAP (IT & Business Process Association of the Philippines)：http://www.ibpap.org
Makati Business Club: https://mbc.com.ph
NASSCOM (National Association of Software and Services Companies, India): https://www.nasscom.in
Open Data Philippines［フィリピン政府データ・サイト］：https://www.data.gov.ph
PEZA (Philippine Economic Zone Authority)［フィリピン経済特区庁］：http://www.peza.gov.ph
PIDS (Philippine Institute for Development Studies)［フィリピン開発問題研究所］：https://www.pids.gov.ph
PSA (Philippine Statistics Authority)［フィリピン統計庁］：http://www.psa.gov.ph
SEC i-View［証券取引委員会　企業財務情報サイト］：http://www.sec.gov.ph/online-services/sec-i-view
TESDA (Technology Education and Skills Development Authority)［技術教育・技能開発庁］：https://www.tesda.gov.ph

資料紹介と解説
フィリピンに関する統計資料・レポート類について

柏原　千英

1．はじめに――「たかが統計，されど統計」のわけ――

　本書の各章でも言及されているが，フィリピンに関するさまざまな統計をタイムリーに入手し，時系列で視覚的にわかりやすく加工・表現することは，21世紀の現在でも，残念ながらそれほど簡単ではない。アジア経済研究所（以下，研究所）および本書の執筆者に対して寄せられるフィリピンに関する照会・レファレンスの内容は多岐にわたるが，そのなかの少なからぬ割合を，統計の有無自体や入手先，データセット内の特定の項目や数値の意味，（そもそもなぜ比較されていないのかも含めて）他国の同様のデータとの比較可能性等々に関するものが占めているのも，フィリピンに関する「現実」のひとつである。

　そこでこの資料編では，各章で用いた各種統計やレポート類を中心に，フィリピン政府機関等が公開している各種データや，それらがどのように整備・公開されている（整備されていない，あるいは利便性が低い）かについて，いわゆる「土地カン」を提供することを目的としている。次節では，政府機関や中央銀行が公開している統計やレポート／サーベイのシリーズについて，分野別にまとめて紹介するとともに，利用にあたっての留意点を解説する。第3節では，産業や業種別での企業情報の収集や分析を行う際に参考となる資料やウェブサイトについて解説する。とりあげている資料は研究所図書館で長期間にわたり収蔵しており，後述する留意点

が克服できれば時系列でのデータ作成も可能なものもある。そして第4節では，2010年代半ばから世界的に拡大しつつある政府による包括的なデータ・サイト（Open Government Data: OGD）の設置と拡充への取り組みに関して，2014年に開設されたフィリピン政府版である「Open Data Philippines」の本編執筆時点（2018年8月10日最終アクセス）の整備状況を紹介する。現時点ではワンストップで多数のデータを取得できる「包括的な」サイトと評価することは難しいが，将来，各政府系機関とより有機的につながるようになれば，利便性は高まると考えられる。

　本書では，全体の構成や紙幅の制約を理由として分析対象から外した産業や視点もあるため，フィリピンに関するさまざまな調査の際，一次データを「発見する」手掛かりとなれば幸いである。結果として，イメージで語られやすいフィリピンに関する情報や分析が，（言語を問わず）蓄積されていくことが何より望ましい。

2．おもな統計シリーズ，データや資料
―― どこで，どのように探すか ――

2-1 マクロ経済・全般的な指標／データ

　産業や人口，保健，家計に関する各種センサスから国民経済計算（National Accounts），貿易統計など，政府が公開する主要な統計シリーズの多くはフィリピン統計庁（Philippine Statistics Authority: PSA）で収集・データ化・公開／出版され，完全ではないがウェブサイト上でも公開されている。このPSAは，国・地方（Region）レベルの経済・産業・家計等のマクロ／地域別統計，または人口・労働・家計関係の統計をまとめていた主要な4政府機関／部署[1]が統合され，組織改編を経て2016年に正式発足した比較的新しい行政組織である。2017年3月には，各統計シリーズのウェブページに加えて，PSA自体のオープン・データ・ポータル（OpenSTAT）も開設し，政府機関から公開される統計シリーズを探すおもな起点のひとつである。代表的な統計シリーズとしてPhilippine Statistical Yearbook

(PSY) を毎年公表しており，その内容はPSAが公表する各種統計シリーズをまとめた簡易版であるとともに，実施頻度の低い人口・労働・産業センサスなどの特別レポートや，人口・労働市場や教育，年金等に関するデータも他機関から取得して掲載している。名称としては「年報」だが，PSY各年版公開時の直近の数値を掲載したものであるため，データごとの最新年は同一ではない。そこで，主要なマクロ経済指標の数値自体や増減率を一度に（たとえば10年程度の）長期で得たい場合には，IMF／世界銀行データベースへの基本データ提供を担っているフィリピン中央銀行（Bangko Sentral ng Pilipinas: BSP）のウェブサイト上で統計セクションを参照するのが最も有用である。PSAやほかの政府機関と比較すると，最新数値や改訂値の更新頻度も高い。

表資-1には，主要な統計シリーズについて2000～2017年の実施状況と頻度，データ集計元機関の出版／ウェブサイト上での公開について，おおまかな分野別（左端の列）にまとめたので，参照されたい。「最終版ウェブ公開」の列を設けた理由は，印刷物とウェブサイト上では情報量がまったく異なる場合が散見されるからだ。たとえば，産業センサスや事業所調査，BSPの年報については，ウェブサイト上では概要（Summary）部分とそこで利用されたデータのみが掲示され，地方や業種（認可）別，固定資本を含む投資額や利益率など，それ以外のデータは印刷物での最終版にのみ掲載されている。

2-2 産業別データ

(1) 産業センサスと事業所調査

フィリピンでは基本的には5年（西暦の末尾が0と5になる年）ごとに，

---

1) PSAの設立根拠法は共和国法（Republic Act）10625号（The Philippine Statistical Act of 2013）。統合されたのは，National Statistical Coordination Board (NSCB)，National Statistics Office (NSO), Bureau of Labor and Employment Statistics, Department of Labor and Employment (BLES-DOLE), およびBureau of Agricultural Statistics, Department of Agriculture (BAS-DOA) の4機関・部署。後述するGODサイト内でも統計シリーズ名やデータ作成機関として表記されている場合があるが，元データの作成あるいは公開年によるものであり，現在は存在していない。

表資-1　本書で参照したフィリピンの主要統計シリーズ等（分野別）

	集計機関	最終版ウェブ公開	シリーズ名と備考	集計頻度	2000
マクロ経済	PSA	○	Philippine Statistical Yearbook	年	●
		○	Foreign Trade Statistics of the Philippines（Export／Import 分冊）	年	●
		○	National Accounts of the Philippines（NAP）※PSAウェブサイトで項目別の長期データ取得が可能。	四半期	●
		○	Commodity Flow in the Philippines　※速報は四半期ごと	年	●
	BSP	○	BSP Annual Report, Volume Ⅰ（マクロ経済概況）	年	●
		△	BSP Annual Report, Volume Ⅱ（マクロ経済・金融部門の統計）※2015年版よりウェブ公開開始。	年	●
		○	BSPウェブサイト上のStatisticsセクション		
地域経済	PSA	△	Regional Social and Economic Trends（RSET）※NCR, Region Ⅱ, Ⅲでは作成されず。	年	
		○	Gross Regional Domestic Expenditure（GRDE）	年	●
		○	Gross Regional Domestic Product（GRDP）	年	●
人口・家計・保健	PSA	○	Census of Population	5年ごと	●
		○	Census of Population and Housing Report	5年ごと	
		○	Family Income and Expenditure Survey	3年ごと	
		△	Integrated Survey of Households Bulletin	四半期（Q）	
		○	Philippines National Demographic and Health Survey ※1990年代は1993年と1998年に実施、直近では2017年に実施済み。	不定期	―
		○	Vital Statistics Report	年	
労働・雇用	PSA	△	Compilation of Industry Statistics on Labor and Employment ※旧Philippine Industry Yearbook of Labor Statistics, 2015年以降をウェブ上で編纂中。	年	〜
		△	Labor Force Survey	月／年	
		○	Survey on Overseas Filipinos	年	●
産業	PSA	○	Annual Survey of Philippine Business and Industry（ASPBI）※CPBI実施年には実施されず。	年	
		○	Census of Agriculture　※2012年実施分より印刷版なし。	10年ごと	―
		○	Census of Philippine Business and Industry（CPBI）※実施間隔を調整中。次回は2020年。	5年ごと	●
	UCAP	×	Coconut Statistics	年	●
	BSP	○	Status Report on the Philippine Financial System	半年	●
個別企業	BW	×	Top 1000 Corporations in the Philippines	年	●
	PBPPI	×	Top（15000）Corporations	年	●
	SEC	○	SEC i-View　※企業の会計報告およびSECへの各種届出の閲覧用		

（出所）　各機関ウェブサイトおよびアジア経済研究所図書館所蔵資料より筆者作成。
（注）　発行および研究所図書館の収蔵状況は、2018年10月31日時点のもの。各機関の正式名称とウェブサ
　　　最終版ウェブ公開に関する記号は、以下を意味する。
　　　　　　○：最終版印刷物と同じ情報・統計がウェブ上でも公開される。　　　△：印刷物の概要部分の
　　　最終版公開および研究所図書館の収蔵に関する記号・文字は、以下を意味する。
　　　　　　未：本表作成時点で速報／最終版が未公開。　　　―：集計自体が実施されていない。

資料紹介と解説　フィリピンに関する統計資料・レポート類について

集計機関による最終版公開および研究所図書館の（印刷版／CD-Rom）収蔵状況																
2001	2002	2003	2004	2005	2006	2007	2008	2009	2010	2011	2012	2013	2014	2015	2016	2017
●	●	●	●	●	●	●	●	●	●	●	●	●	●	●	●	～
●	●	●	●	●	●	●	●	●	●	●	●	●	●	～		
●	●	●	●	●	●	●	●	●	●	●	●	●	●	●	●	～
●	●	●	●	●	●	●	●	●	●	●	●	●	●	未		
●	●	●	●	●	●	●	●	●	●	●	●	●	●	●		
●	●	●	●	●	●	●	●	●	●	●	●	●	●	～		
（地方別で異なる。本表集計時点では，2013年／2014年が最新版の地方が多い。）																
●	●	●	●	●	●	●	●	●	●	●	●	●	●	●	～	～
●	●	●	●	●	●	●	●	●	●	●	●	●	●	●	●	●
―	―	―	●	―	―	―	●	―	―	―	●	―	―	●		
―	―	―	●	―	―	―	●	―	―	―	●	―	―	未		
―	―	●	―	―	―	●	―	―	―	●	―	―	●			
●	●	●	●	●	●	●	●	●	●	●	●	●	●	●	●（2Qまで）	
―	●	―	―	―	●	―	―	―	●	―	―	●	―	―	―	
●	●	●	●	●	●	●	●	●	●	●	●	●	●	未		
～	～	～	～	●	―	●	―	●	―	―	―	―	―	～	～	～
●	●	●	●	●	●	●	●	●	●	●	●	●	●	●	～	～
●	―	●	●	●	●	●	●	●	―	●	●	未				
―	●	―	―	―	―	―	―	―	―	～	―	―				
―	―	―	●	―	―	―	―	―	●	―	―	未				
●	●	●	●	●	●	●	●	●	●	●	●	●	●	●	●	●
●	●	●	●	●	●	●	●	●	●	●	●	●	●	●	●	●
●	●	●	●	●	●	●	●	●	●	●	●	●	●	●	●	未

イトは，本編末の参考文献を参照されたい。

みをウェブに掲載，あるいは年度により公開状況にばらつきがあるもの。　　×：ウェブ公開なし。

～：出版物を研究所図書館で未所蔵。

PSAが産業分野およびその下部部門，企業規模別の産業センサス（Census of Philippine Business and Industry: CPBI）を実施している。**表資-2**には，現行のフィリピン標準産業分類コード（Philippine Standard Industrial Classification: PSIC）であるPSIC 2009の分類と対訳を示した。これらセンサスは調査員が訪問・インタビュー形式で個票データを取得しており，サンプル数に対する回答率も80％台後半から90％台と高い。企業サンプルはPSIC上の分類，国内経済における構成比，地域別分布等を考慮して抽出される。CPBIの実施年以外は，年次の簡易調査が事業所調査（Annual Survey of Philippine Business and Industry: ASPBI）として実施されている。CPBIおよびASPBIは，アルファベットを使用するPSIC第1レベル（21業種）ごとに分冊で公開・出版され，そのなかで各業種を企業規模（被雇用者数20人以上と20人未満）で区別して集計している。業種レベル以下ではASPBIが数字3桁の第3レベル（Groups）を，CPBIは同5桁の第5レベル（Sub-class）をおもに用いている。分冊形式を採用しているため業種ごとに要する時間は異なるが，各調査実施後遅くとも1年半〜2年半後に，雇用者20人以上の企業に関して，(1)「平均雇用者数」，「被雇用者平均給与」，「産出額」，「付加価値」，「総固定投資増」，「補助金」，「在庫変動」，「電子商取引による売上」の速報値と概要（Preliminary results），(2)上記(1)の事業所所在地による地方（Region）別データが公表される。被雇用者数20人未満の事業所に関するデータも加えた全事業規模での最終値と概要（Final results）の発表には，3年半ほどを要している。

(2) データの掲載状況と留意点

ASPBIとCPBIは業種とその下位部門に関する統計の拠り所なのだが，内容に関しては留意点がいくつかあるので，参照されたい。

第1に，前項および**表資-1**に関して述べたように，速報値および最終値が公表されるまでのタイムラグが長く，また，最終版でも出版物とウェブサイト上での情報量が異なるため（たとえば，有形／無形固定投資額などは最終値の印刷版でのみ得られる），取得したいデータや指標により，使い手にとっての利便性に差異があることが挙げられる。

第2に，PSICの更改頻度や部分的な改定により，10年以上の一貫した

表資-2　現行のフィリピン標準産業分類コード（PSIC 2009）の21産業分類

セクション	日本語	PSIC 2009表記
A	農業・林業・漁業	Agriculture, forestry and fishing
B	鉱業・採石業	Mining and quarrying
C	製造業	Manufacturing
D	電気・ガス・蒸気および空調供給業	Electricity, gas, steam and air-conditioning supply
E	水道業，廃棄物管理・処理業	Water supply, sewerage, waste management and remediation activities
F	建設業	Construction
G	卸売・小売業，自動車およびオートバイ修理業	Wholesale and retail trade; repair of motor vehicles and motorcycles
H	運輸・倉庫業	Transportation and storage
I	宿泊業，飲食サービス業	Accommodation and food service activities
J	情報およびコミュニケーション業	Information and communication
K	金融業，保険業	Financial and insurance activities
L	不動産業	Real estate activities
M	専門・科学・技術サービス業	Professional, scientific and technical services
N	管理および補助的サービス業	Administrative and support service activities
O	行政および国防，強制社会保険事業	Public administrative and defense; compulsory social security
P	教育	Education
Q	健康／保険および社会福祉事業	Human health and social work activities
R	芸術・娯楽・レクリエーション業	Arts, entertainment and recreation
S	その他サービス業	Other service activities
T	世帯内での雇用，世帯内使用のためのその他財やサービス生産活動	Activities of private households as employers and undifferentiated goods and services and producing activities of households for own use
U	治外法権組織および団体による活動	Activities of extraterritorial organizations and bodies

（出所）　PSA, 総務省ウェブサイトより筆者作成。
（注）　日本語訳は総務省（2014）を参考にした。

データセットを作成しづらいという点がある。フィリピンの産業標準分類であるPSICは10数年～15年ごとに全体的な見直し，そのあいだにもPSIC 5桁レベル（Sub-class）では品目の組換え等，集計内容の変更が行われている。同レベルに相当するのは最終製品だけでなく部品産業部門もあるため，生産工程や部品の分類が多い機械類産業では，コードの数字だけでなく品目の内容を精査して調整する必要がある[2]。

なお，本書の分析期間である2000年代以降に限定されるが，CPBIはアロヨ政権期（2004～2010年）の財政難によって2005年に未実施となった影響を受けている。2000年以降は2006, 2012, 2016年と本来の間隔とは異なっているが，2020年に調整を完了する。また，2016年実施分のCPBIから，対象事業者をフォーマルセクターのみに変更している（すでに公開されている速報版［Preliminary results］から適用）ことが挙げられる。2012年実施分以前とは，産業（PSIC 1桁レベル）によって，サンプル数および推計事業者数だけでなく，個々のデータでも数値レベルが異なるため，比較にはさらなる注意が必要である。

3．企業情報・データについて

フィリピン証券取引委員会（Securities and Exchange Commission: SEC）ウェブサイトによると，2017年12月時点で外資系も含む社名登記数は98万7974，うちSECが休眠状態ではないと判断しているのは67万9554社である。一方，フィリピン証券取引所（Philippine Stock Exchange: PSE）に上場している企業数は，2018年9月末時点でわずか268社にとどまる[3]。フィ

---

2) BSPでは，Balance of Payments Mechanismを更改すると過去の一定期間にさかのぼって修正データをウェブサイト上で公表しているが，PSAによるセンサス類についての修正データ公開は行われていない。
3) SECおよびPSEウェブサイトによる。非上場でも自社のウェブサイトで企業情報を公開している一般企業や金融機関はあるが，直近年度のみや，3～5年度分がアップロードされている場合が多い。

リピン国内では，広く一般的に入手できる「会社四季報」等に相当する出版物は存在せず，各業界（最）大手・中堅規模でも非上場企業が非常に多い。産業・業種内での趨勢や，とくに個別企業の財務データを中心とする情報は，これまでは主として，各企業の自主的な情報開示や民間の企業情報・コンサルティング会社が作成する二次データのみが入手可能だったが，以下の情報ソースを組み合わせると，最長で20年間程度のデータセットが作成できよう。

3-1 定期刊行物（企業ランキング／年鑑）
　企業財務データとして利用するには断片的な情報ではあるものの，各業界大手～中位の外資系を含む非上場企業名や，それらの総売上高，税引前利益等の概要を把握できるのが企業ランキング一覧である。以下に挙げる2資料は25年以上にわたって継続的に刊行されており，必ずしも厳密なものではないが，企業や業種別のおおまかな趨勢を追うという点では有用である。
　まず，フィリピン国内の大手英字日刊紙である*BusinessWorld*を発行しているBusinessWorld Publishing Corporationが毎年発行する*Top 1000 Corporations in the Philippines*が最も入手しやすいだろう。総収入（Gross Revenue）を基準に，フィリピン国内で操業する外資系を含む企業の上位1000社をランキングするとともに，PSIC 5桁レベルでの業種別集計，1000社のうち上場企業や国・公営企業あるいは輸出額別でのランキングを別途集計している。財務指標等は総収入のほかに，(1) 純売上高，(2) 純所得／損失，(3) 流動資産，(4) 固定資産，(5) 総資産，(6) 短期借入，(7) 流動負債，(8) 長期負債，(9) 総負債，(10) 株主資本，(11) 留保利益，(12) 監査法人を参照できる[4]。
　同様のランキングには，Philippine Business Profiles and Perspectives

---

4) (1)～(12)の項目が参照できるのは，1999年版から。なお，*Top 1000 Corporations*は2015年版までExcelおよびPDFファイルもBusinessWorld社より購入可能だが，2016年版以降はそれらの販売が一時停止されている（印刷版は継続）。

Inc.による*Business Profiles*シリーズがある。同シリーズは印刷物のみだが、段階的に掲載企業数を増加させており、2014年度および2015年度決算分に基づくランキングを収録した2016－2017年版（本編執筆時点での最新版かつ研究所図書館で所蔵済み）では、Top 8000およびNext 7000の計1万5000社を掲載している。*Top 1000 Corporations*と同様にPSIC 5桁レベルのランキングと部門別総計も集計されているが、比較できる財務指標項目は⑴総売上高、⑵税引後純利益、⑶総資産、⑷総負債、⑸株主資本と少ないため、位置づけとしてはより企業年鑑に近い。

ただし、これらは「ある年の特定期日時点で財務諸表が入手可能な企業のランキング」である点に留意する必要がある。また、収益性の比較は限られた企業数のみ行われている（たとえば、*Top 1000 Corporations*では50社）。

3-2 フィリピン証券取引委員会　企業財務情報サイト（SEC i-View）

本節の冒頭でも述べたように、圧倒的多数を占める非上場企業の個別情報を得たい場合はどうすればよいだろうか。フィリピンでは、会社法（Corporation Code of the Philippines, Batas Pambansa（BP）No. 68）に基づき、法人登記全般をSECが管轄している。国内で経済活動を行う組織は、出資者（地場資本／外資系）や組織形態（株式会社／パートナーシップほか）を問わず、SECへの届出あるいは承認・認可を必要とし、業種分類や認可された経済活動によっては、SECが関連法や細則で定める頻度で各種報告や財務諸表を提出しなければならない。これらの情報が企業名（登記番号）と業種別に集約され、2010年の試験的運用を経てSECのウェブサイト上で公開されているのがSEC i-Viewである。現在では最長で1995年度から最新年度（本編執筆時点では、多くの企業で2015あるいは2016年度）にわたり、企業形態や業種別の定めにより、各年次・四半期財務報告書と会社法に基づく各種届出書類をPDFファイルで閲覧・印刷（有料）することができる。同サイトは少なくとも週次で更新されており、財務報告書や各種届出がSECで受理・承認されれば、最新データのアップロードまでにかかるタイムラグは比較的小さいようだ。表資-3には、一般的な法人に提出が求められる各種届出項目／書類の一覧を示した。

資料紹介と解説　フィリピンに関する統計資料・レポート類について

表資-3　フィリピン会社法に基づく届出・報告事項
●法人登記分類（国内／外資系企業共通）

| Stock corporations | Non-stock corporations | Partnerships |

外資系企業はこのほか，業種によって支店（Branch Office），駐在員事務所（Representative Office），地域本部・拠点（Regional and Area Headquarters: RO/AO），地域業務統括本部（Regional Operating Headquarters: ROH）のいずれかとして登記する。

●その他届出項目

Amended Articles of Incorporations
Increase of Capital Stock
Amended By-Laws
Amended Articles of Partnership/Affidavit of Withdrawal/Dissolution of Partnership/ Deed of Assignment of Partners
Dividend Declaration
Voting Trust Agreements
Dissolution
Extension of Corporate Term
By-Laws/New By-Laws
Increase in Foreign Equity
Merger and Consolidation
Decrease of Capital Stock
Reclassification/Declassification/Conversion of Shares/Stock Split
Confirmation of Exemption/Valuation of Properties
Articles of Incorporation/ By-Laws
Amendment Regarding Reclassification of Shares
Appointment Letter
Articles of Partnership
Equity Restructuring
Filing of Amendment
Request for Exemption
Additional Paid-In Capital

（出所）　SEC Annual Report（各年版）より筆者作成。
（注）　財務諸表（Financial Statements）は金融など特定業種を除き，各年度の提出。

このように一次データとして有用なSEC i-Viewではあるが、利用上の問題点もある。公開当初は、オンライン上での企業名検索を可能にすることで、重複登記を事前回避するのがおもな目的であったためか、(1)業種分類がPSICのグループ・レベル、17業種であり、各業種の下位レベルである同5桁レベルを指定した検索や、報告書別の届出の有無などの複数項目による詳細検索が不可能であること、(2)企業統合や合併、あるいは分社化などの再編案件を反映していない事例があり、所有関係や経営構造の変化をトレースしにくいサイト構成になっていること、(3)企業名表示の省略や企業別ページにおける基本情報の記載が必ずしも統一的ではないため、検索に非効率や不都合が生じる場合があること、などが挙げられる。また、フィリピン国外からもSEC i-Viewへのアクセスは可能であるが、個別情報の閲覧・印刷にかかる課金の決済手段は限られているため、国外を含む首都圏やSEC地方オフィス (regional offices) 近隣地域以外からのアクセスでは、利便性が低くなることは否定できない[5]。

4. オープン・データ・ポータル
―― フィリピン政府版 ――

中央政府が包括的なデータ・サイトを設置し、公的部門が集計・保有する統計シリーズやデータ類を、ワンストップで参照できる形でウェブ上で公開することは、2010年代に入ってから開発途上国も含む世界的な取り組みとなっている。以下では、フィリピン政府版の概要について解説する。

---

5) SEC i-Viewを利用するためのアカウントは国外からも作成可能。企業名検索のみは無料、各文書・報告書の閲覧・印刷は課金される。決済方法には、(1) PIN-Mailerと呼ばれるバウチャーをSECオフィスで購入後、作成したアカウントに購入金額をチャージする、(2) Land Bank of the PhilippinesのATM口座、あるいはBancNet加盟15国内銀行のインターネット・バンキングやG-Cashが利用可能な口座を用い、SEC i-View eLoading System上で電子決済 (2018年6月導入) する2通りが採用されている。

4-1 なぜ開設されたのか

議会審議を経て制定された法律や大統領令，あるいは各省庁の大臣が公布する指令などのほかにも，政府が保有するさまざまな統計や報告書類を広く国内外に公開する政策への指向は，情報通信技術やプラットフォームの進展や拡大にともない，2010年代初に世界的に顕著となった。フィリピンでは，このような取り組みが前アキノ政権（2010～2016年）の発足と同時に本格化した。アキノ前大統領が就任時に政策的支柱として掲げた「よい統治（Good Governance）と反汚職（Anti-Corruption）」と不可分であるのが，政府の「公開性」（Openness）とされたからだ。2011年に公布された大統領令（Executive Order（EO）No. 43, Series of 2011）のなかで，フィリピン政府のOGDであるOpen Data Philippines（以下，ODP）の開設は，閣僚レベルで取り組み，実現すべき成果のひとつとして挙げられ，2014年から運用されている。なお，フィリピン政府は2011年9月に発足した政府機関保有データ公開に関する国際的なフォーラム「オープン・ガバメント・パートナーシップ」（Open Government Partnership: OGP）の設立メンバー8カ国にも名を連ねている[6]。

4-2 内容とデータのカバレッジ

では，現時点におけるODPの規模をみてみよう。現ドゥテルテ政権下では，各省の下部組織（庁や委員会）を含めれば中央政府レベルの行政機関数は170以上，中央銀行や年金基金をはじめとする国有企業（government-owned and controlled corporation: GOCC）に分類される機関も90を超えているが[7]，そのうち35機関が何らかのデータや統計シリーズをアップ

6） 他の7カ国は，インドネシア，英国，ノルウェー，ブラジル，米国，南アフリカ共和国，メキシコ。2014年のテーマ「市民の参画」（Citizen Engagement）のもとで，フィリピンのOGDに関する官民で予算やリソースを計上した取り組みは，デンマーク，モンテネグロととともにトップ3加盟国のひとつとして表彰された（OGPウェブサイトによる）。OGP加盟国を中心とする他の先進国や開発途上国のOGD整備状況については，アジア経済研究所（2018）の特集を参照されたい。アジア諸国に関しては，日本，台湾，韓国，タイ（掲載順）がとりあげられている。

7） フィリピン政府ウェブサイトによる。

ロードしている。

　サイトの構成はシンプルである。統計シリーズ名やデータが該当する（と考えられる）分野などのキーワード，データ作成元の機関名等から，統計シリーズを探す形になっている。分野別には，「産業と経済」(Business and Economics)，「災害と復興」(Disaster and Rehabilitation)，「教育」(Education)，「環境」(Environment)，「政府」(Government)，「政府支出」(Government Spending)，「保健」(Health)，「地方政府」(Local Government)，「マッピング」(Mapping)，「平和と秩序」(Peace and Order)，「社会」(Society)，「交通」(Transport) の12分野が挙げられている。各分野のもとに該当する統計シリーズが表示され，また，（すべてではないものの）表示されるCSV形式ファイルからウェブサイト上で簡単な作図も可能である[8]。ただし，複数の分野をまたぐような性質をもつ統計は分野ごとの検索結果に重複して表示されるので，ODPのパンフレットに謳われている「280シリーズ以上，約3000のデータセット」の実質的なデータ数（ファイル数）は，6割程度だと推測される。また，各CSVファイルは単年度の内容を1ファイルとしているものが圧倒的に多く，時系列データを作成するには不向きであるため，発行元機関が所有・公開しているか否かを確認する方が早いだろう[9]。

4-3 現時点での利便性
　本編執筆時点では残念ながら，掲載されている統計シリーズの多くは

8）　作図はあくまで閲覧中の当該ファイル内のデータのみで可能なため，IMF／世界銀行のデータベースのように，複数の指標・対象国・期間を組み合わせることはできない。なお，PSAもサイト構成，レイアウトや機能がODPに非常によく似たOpenSTATをもつが，2017年に開設されたばかりであり，データ整備状況はODPよりさらに低調であるため，本編での言及は避けた。サイト上の記述によるとOpenSTATも公的部門の他機関に開放されており，ODPとの位置づけのちがいの有無など，今後の整備方針については現時点で不明。

9）　たとえば，PSAに次いで多くの統計シリーズをアップロードしているBSP（機関名での検索結果は23統計シリーズ）も，OGDには各年版ファイルのみを掲載している。BSPウェブサイトでは，多くの統計シリーズでBSPが作成した時系列データが入手可能である。

2012／2013年度分が最新データとなっており，作成元機関のウェブサイトではすでに公開されているものもアップロードされていないことから，ODP開設時のままに近い状態だと推測される。他方，公的な教育・職業訓練機関に関するデータが作成元機関のウェブサイト掲載よりも新しい場合や，運輸（鉄道）関係のデータを運営するGOCCが直接掲載している例もみられる。ODPは，データ作成元となる公的部門全体――各レベルの行政機関，委員会やGOCC――の担当部署（担当者）にアカウント付与を行い，彼らが直接データの更改や新たなアップロードを行うという手法を採用し，統計シリーズの掲載を推奨している。現状からより短期間で名実ともにOGDサイトとして機能するには，各機関のウェブサイトへの最新データ掲載と同時にODPでも公開されるようなシステムか，アカウント保有機関となり得る組織すべてがODPに積極的にデータを掲載するようなインセンティブが必要かもしれない。ワンストップで公的部門のデータを閲覧できるような規模のサイトと位置づけられるようになるには，ODPを運営するIntegrated Government Philippines Program（情報通信技術省とその下部組織である応用科学技術機関で共同管理している組織）によるさらなる梃入れが欠かせないだろう。

〔参考文献〕
（各URLの最終アクセス日：2018年11月25日）

〈日本語文献〉
アジア経済研究所 2018.「特集 オープンガバメント・データ整備の動向を追う――開発途上国を中心に――」『アジ研ワールド・トレンド』268: 2-29.
総務省 2014.「国際標準産業分類（ISIC）第4次改訂版（仮訳）」総務省（http://www.soumu.go.jp/toukei_toukatsu/index/seido/sangyo/index.htm）.

〈外国語文献〉
BusinessWorld Publishing Corporation various issues. *Top 1000 Corporations in the Philippines*. Quezon City: BusinessWorld Publishing Corporation.
PBPPI（Philippine Business Profiles and Perspectives Inc.）various issues. *Top 8000*

　　　　　Corporations in the Philippines. Pasig City: PBPPI.
　　　――― various issues. *Next 7000 Corporations in the Philippines.* Pasig City: PBPPI.
SEC（Securities and Exchange Commission of the Philippines）various issues. *SEC Annual Report.* Mandaluyong City: SEC.

〈ウェブサイト〉
BSP（Bangko Sentral ng Pilipinas）［フィリピン中央銀行］: http://www.bsp.gov.ph
Government of the Philippines［フィリピン政府］: https://www.gov.ph
　　　――― Open Data Filippines［フィリピン政府データ・サイト］: https://www.data.gov.ph
PSA（Philippine Statistics Authority）［フィリピン統計庁］: http://www.psa.gov.ph
　　　――― PSA OpenSTAT［PSA統計ポータル］: http://stat.psa.gov.ph
SEC（Securities and Exchange Commission）［フィリピン証券取引委員会］: http://www.sec.gov.ph
　　　――― SEC i-View［企業財務情報サイト］: https://ireport.sec.gov.ph
オープン・ガバメント・パートナーシップ: https://www.opengovpartnership.org
国際通貨基金（IMF）・世界銀行データベース: https://data.worldbank.org

複製許可およびPDF版の提供について

　点訳データ，音読データ，拡大写本データなど，視覚障害者のための利用に限り，非営利目的を条件として，本書の内容を複製することを認めます（http://www.ide.go.jp/Japanese/Publish/reproduction.html）。転載許可担当宛に書面でお申し込みください。

　また，視覚障害，肢体不自由などを理由として必要とされる方に，本書のPDFファイルを提供します。下記のPDF版申込書（コピー不可）を切りとり，必要事項をご記入のうえ，販売担当宛ご郵送ください。

　折り返しPDFファイルを電子メールに添付してお送りします。

〒261-8545　千葉県千葉市美浜区若葉3丁目2番2
日本貿易振興機構 アジア経済研究所
研究支援部出版企画編集課　各担当宛

　ご連絡頂いた個人情報は，アジア経済研究所出版企画編集課（個人情報保護管理者－出版企画編集課長 043-299-9534）が厳重に管理し，本用途以外には使用いたしません。また，ご本人の承諾なく第三者に開示することはありません。

アジア経済研究所研究支援部 出版企画編集課長

PDF版の提供を申し込みます。他の用途には利用しません。

柏原　千英 編
『21世紀のフィリピン経済・政治・産業──最後の龍になれるか？──』
【アジ研選書 No. 52】2019年

住所 〒

氏名：　　　　　　　　　　　　　　年齢：

職業：

電話番号：

電子メールアドレス：

執筆者一覧（執筆順，肩書は2018年12月末時点）

柏原　千英（アジア経済研究所 開発研究センター 主任調査研究員）
　総論，第5章，第6章，資料紹介と解説

鈴木　有理佳（アジア経済研究所 開発研究センター 企業・産業研究グループ長代理）
　第1章，第3章，第4章

髙木　佑輔（政策研究大学院大学 助教授）
　第2章

［アジ研選書 No. 52］
21世紀のフィリピン経済・政治・産業
──最後の龍になれるか？──

2019年3月13日発行　　　　　　　定価［本体2,400円＋税］

編　者　柏原　千英
発行所　アジア経済研究所
　　　　独立行政法人日本貿易振興機構
　　　　　千葉県千葉市美浜区若葉3丁目2番2　〒261-8545
　　　　研究支援部　電話　043-299-9735（販売）
　　　　　　　　　　FAX　043-299-9736（販売）
　　　　　　　　　　E-mail　syuppan@ide.go.jp
　　　　　　　　　　http://www.ide.go.jp

印刷所　モリモト印刷株式会社

Ⓒ独立行政法人日本貿易振興機構アジア経済研究所 2019
落丁・乱丁本はお取り替えいたします　　　無断転載を禁ず
ISBN 978-4-258-29052-9

出版案内
「アジ研選書」

(表示価格は本体価格です)

52 21世紀のフィリピン経済・政治・産業
最後の龍になれるか？
柏原千英編　　2019年　186p. 2400円

「アジアの奇跡」に乗り遅れたフィリピンは，約30年遅れて「最後の龍」になれるだろうか。近年，活況を呈する同国の2000年代以降における経済・政治・産業を概観・解説する。

51 アジアの障害者のアクセシビリティ法制
バリアフリー化の現状と課題
小林昌之編　　2019年　207p. 2600円

障害者がほかの者と平等に人権および基本的自由を享有するための前提条件であるアクセシビリティの保障について，アジア6カ国の法整備の実態を分析し，課題を明らかにする。

50 習近平「新時代」の中国
大西康雄編　　2019年　214p. 2600円

2期10年の慣例を超えた長期政権を目指す習近平政権は，多くの課題に直面してもいる。本書では，諸課題の分析を通じ，政権が「新時代」を切り拓くための条件を展望する。

49 不妊治療の時代の中東
家族をつくる，家族を生きる
村上薫編　　2018年　245p. 3100円

男女とも「親になって一人前」とされる中東。不妊治療が急速に普及する今，人々は家族をどうつくり，生きようとしているのか。宗教倫理・医療的背景とともに，その営みを描く。

48 ハイチとドミニカ共和国
ひとつの島に共存するカリブ二国の発展と今
山岡加奈子編　　2018年　200p. 2500円

カリブ海に浮かぶイスパニョーラ島を分け合うハイチとドミニカ共和国。日本ではほとんど知られていない両国は，開発と経済発展，個人独裁の歴史，国民の生活水準，貧困と格差，大国の介入といった点で，共通点と際立った差異の両方を見せている。中米・カリブの専門家によるパイオニア的研究書。

47 マクロ計量モデルの基礎と実際
東アジアを中心に
植村仁一編　　2018年　204p. 2600円

分析手法としてのマクロ計量モデルの歴史，構築のイロハから各国での活用例，大規模モデルへの発展まで，東アジアを中心として解説する。また，今後同地域が直面していくであろう高齢化といった問題を取り込む試みも行う。

46 低成長時代を迎えた韓国
安倍誠編　　2017年　203p. 2500円

かつてのダイナミズムを失って低成長と格差の拡大に苦しむ韓国の現在を，産業競争力と構造調整，高齢化と貧困，非正規雇用，社会保障政策の各テーマを中心に描き出す。

45 インドの公共サービス
佐藤創・太田仁志編　　2017年　259p. 3200円

1991年の経済自由化から4半世紀が経過した今日，国民生活に重要なインドの公共サービス部門はどのような状況にあるのか。本書では飲料水，都市ごみ処理等の公共サービスの実態を明らかにし，またその改革の方向を探る。

44 アジアの航空貨物輸送と空港
池上寛編　　2017年　276p. 3400円

国際物流の一端を担う航空貨物は，近年アジアを中心に取扱量を大きく増加させている。本書ではアジアの主要国・地域の航空貨物についてとりあげ，またASEANやインテグレーターの動きも検討した。

43 チャベス政権下のベネズエラ
坂口安紀編　　2016年　245p. 3100円

南米急進左派の急先鋒チャベス政権の14年間はベネズエラにとってどのような意味をもつのか。また彼が推進したボリバル革命とは何なのか。政治，社会，経済，外交の諸側面からその実態をさぐる。

42 内戦後のスリランカ経済
持続的発展のための諸条件
荒井悦代編　　2016年　313p. 3900円

26年にわたる内戦を終結させ，高い経済成長と政治的安定を実現したスリランカ。成長の原動力は何だったのか。南アジアの小さな多民族国家にとってさらなる経済発展のために何が必要か探る。